Karl Walter Kierow

**Die Unternehmensgründung in Deutschland
durch Ausländer**

Ein praxisorientierter Leitfaden für internationale Gründer zu Recht, Steuern, Behörden, Förderung und Integration

Karl Walter Kierow
Die Unternehmensgründung in Deutschland durch Ausländer
Ein praxisorientierter Leitfaden für internationale Gründer
zu Recht, Steuern, Behörden, Förderung und Integration

ISBN: 978-3-69035-828-6

Bestellnummer: 2032
Auch als eBook verfügbar
(978-3-69035-836-1)

Cover-Gestaltung: Kerstin Laube
Herstellung: Angelika Haase

© Bremen University Press, 2025.
Fahrenheitstr. 11
28359 Bremen
bup@bremenuniversitypress.com
www.bremenuniversitypress.com

Dieses Buch wurde auf umweltfreundlichem Papier aus nachhaltiger Forstwirtschaft gedruckt, um Ressourcen zu schonen und die Umweltbelastung zu minimieren. Durch den Einsatz von Recyclingmaterialien und FSC-zertifiziertem Papier leisten wir einen Beitrag zum Schutz der Wälder und zur Reduzierung des ökologischen Fußabdrucks.

Karl Walter Kierow

Die Unternehmensgründung in Deutschland durch Ausländer

Ein praxisorientierter Leitfaden für internationale Gründer zu Recht, Steuern, Behörden, Förderung und Integration

4

Übersicht

5

6

Inhaltsverzeichnis

Hinweise:

- Dieses Buch ist modular aufgebaut, sodass jedes Kapitel auch eigenständig gelesen werden kann, ohne dass zwingend auf andere zurückgegriffen werden muss.

- Bearbeitungsstand: April 2025

Der Verlag

Vorbemerkung

Deutschland zählt zu den wirtschaftlich stabilsten und rechtlich verlässlichsten Ländern der Welt. Mit seiner starken Industrie, seiner ausgeprägten Mittelstandsstruktur, einer leistungsfähigen Infrastruktur und seiner zentralen Lage in Europa bietet es hervorragende Bedingungen für Unternehmensgründungen – nicht nur für deutsche Staatsangehörige, sondern zunehmend auch für Menschen aus dem Ausland. Jährlich wagen zahlreiche Gründerinnen und Gründer aus Europa, Asien, Afrika oder dem amerikanischen Kontinent den Schritt in die Selbstständigkeit in Deutschland. Sie tragen mit Mut, Innovationskraft und Unternehmergeist zur Vielfalt, Dynamik und Resilienz der deutschen Wirtschaft bei.

Doch der Weg in die unternehmerische Selbstständigkeit in einem fremden Rechtssystem ist anspruchsvoll. Neben den bekannten unternehmerischen Herausforderungen – wie Finanzierung, Kundenakquise oder Wettbewerb – kommen zahlreiche rechtliche, steuerliche und verwaltungsbezogene Anforderungen hinzu, die für Außenstehende oft schwer durchschaubar sind. Wer die deutsche Sprache nicht vollständig beherrscht, mit den Verwaltungsstrukturen nicht vertraut ist oder aus einem Land mit anderen wirtschaftlichen Spielregeln stammt, stößt schnell an Grenzen – nicht aus Mangel an Fähigkeiten, sondern aus Mangel an Zugang zu strukturiertem Wissen.

Dieses Buch wurde geschrieben, um diese Lücke zu schließen. Es wendet sich an ausländische Gründerinnen und Gründer mit akademischem Hintergrund, die fundierte Informationen benötigen, um eine rechtssichere, wirtschaftlich tragfähige und gesellschaftlich eingebundene Unternehmensgründung in Deutschland zu verwirklichen. Die Darstellung folgt einem integrativen Ansatz: Sie erklärt nicht nur formale Abläufe, sondern erläutert auch den juristischen Kontext, nennt relevante Gesetzesgrundlagen, beschreibt interkulturelle Aspekte und gibt Hinweise zur strategischen Planung. Ziel ist es, dem Leser ein vollständiges Verständnis der Rahmenbedingungen zu vermitteln – nicht nur als Handlungsanleitung, sondern als Wissensfundament für selbstbestimmtes und verantwortungsvolles Unternehmertum.

Das Werk versteht sich dabei nicht als Appell zur unreflektierten Expansion, sondern als Einladung zu einem durchdachten, langfristigen und rechtlich fundierten Einstieg in den deutschen Wirtschaftsraum. Es soll Orientierung geben, Vertrauen schaffen und zur aktiven Teilhabe an einem vielfältigen, offenen und rechtsstaatlich organisierten Marktumfeld beitragen.

Kapitel 1: Einleitung und Zielsetzung

1.1 Beweggründe für unternehmerische Migration nach Deutschland

Deutschland zählt zu den führenden Wirtschaftsnationen der Welt und ist nicht nur durch seine exportorientierte Industrie, seine hohe Innovationskraft und seine politische Stabilität attraktiv, sondern auch durch seine liberale Wirtschaftsordnung, die internationalen Unternehmern grundsätzlich einen freien Zugang zum Markt ermöglicht. Immer mehr Menschen aus dem Ausland entscheiden sich daher dafür, in Deutschland ein eigenes Unternehmen zu gründen. Diese unternehmerische Migration erfolgt aus unterschiedlichen Beweggründen. Viele Gründer streben eine wirtschaftliche Unabhängigkeit an, die sie im Herkunftsland nicht realisieren können, sei es aufgrund instabiler Rahmenbedingungen, fehlender Marktchancen oder restriktiver staatlicher Regulierung. Andere verfügen bereits über akademische Qualifikationen, spezifisches Branchenwissen oder innovative Ideen und sehen im deutschen Markt eine geeignete Plattform zur Verwirklichung ihrer Konzepte.

Ein weiterer häufiger Beweggrund besteht in der Möglichkeit, durch eine erfolgreiche Unternehmensgründung eine langfristige Aufenthalts- oder Niederlassungsperspektive in Deutschland zu schaffen. Für manche

Drittstaatsangehörige kann die Gründung einer wirtschaftlich tragfähigen Firma auch ein Mittel sein, um Zugang zum europäischen Binnenmarkt zu erhalten und gleichzeitig ihre Familie in ein Umfeld mit hoher Lebensqualität zu integrieren. Dabei spielen Faktoren wie Rechtssicherheit, Infrastruktur, Bildungswesen und soziale Stabilität eine erhebliche Rolle.

1.2 Deutschland als Investitions- und Innovationsstandort im internationalen Vergleich

Deutschland belegt regelmäßig Spitzenplätze in internationalen Rankings zur Wettbewerbsfähigkeit, Innovationskraft und Standortqualität. Als größte Volkswirtschaft Europas verfügt das Land über eine hoch entwickelte industrielle Basis, einen starken Mittelstand, international renommierte Forschungseinrichtungen sowie eine leistungsfähige öffentliche Verwaltung. Zudem ist Deutschland über ein dichtes Netz an Handels- und Investitionsabkommen global integriert und bietet damit sowohl für Binnenmarktstrategien als auch für global ausgerichtete Geschäftsmodelle hervorragende Voraussetzungen.

Ein besonderer Standortvorteil ergibt sich aus der institutionellen Einbettung Deutschlands in den europäischen Binnenmarkt. Unternehmer, die sich in Deutschland ansiedeln, profitieren nicht nur vom Zugang zu rund 83 Millionen Konsumenten, sondern auch von der Möglichkeit, ihre

Produkte und Dienstleistungen ohne weitere Marktzu-
gangshürden in allen Mitgliedstaaten der Europäischen
Union anzubieten. Der gut ausgebaute Schutz geistigen Eigentums, die Rechtssicherheit und die niedrige Korrupti-
onsneigung bieten ausländischen Gründern darüber hinaus
eine vergleichsweise sichere Investitionsumgebung.

1.3 Zielgruppen

Dieses Buch richtet sich an gewerbliche Existenzgründer
aus dem Ausland, die über eine akademische Vorbildung
verfügen und eine fundierte, methodisch geleitete Ent-
scheidungsgrundlage für die Gründung und Führung eines
Unternehmens in Deutschland suchen. Die Zielgruppe
umfasst sowohl potenzielle Erstgründer als auch Unternehmerinnen und Unternehmer, die bereits in ihrem Herkunftsland ein Geschäft betrieben haben und nun expan-
dieren oder neu starten möchten.

Charakteristisch für diese Zielgruppe ist die Kombination
aus hoher Bildungsqualifikation und interkultureller Erfahrung, verbunden mit einem ausgeprägten Bedürfnis nach
rechtlicher Klarheit, wirtschaftlicher Orientierung und administrativer Sicherheit. Die akademische Vorbildung ermöglicht es diesen Gründern, komplexe rechtliche, steuerliche und wirtschaftliche Sachverhalte zu erfassen, jedoch
besteht häufig ein Mangel an lokalem Wissen über die institutionellen und kulturellen Besonderheiten des

deutschen Marktes. Dieses Buch versteht sich daher nicht nur als juristischer Leitfaden, sondern auch als praktischer Brückenschlag zwischen den globalen unternehmerischen Ambitionen der Leser und den spezifischen Voraussetzungen des Wirtschaftsstandorts Deutschland.

1.4 Abgrenzung zu temporärer Selbstständigkeit und Scheingründungen

Die vorliegende Darstellung zielt ausschließlich auf langfristig angelegte, wirtschaftlich eigenverantwortliche Unternehmensgründungen ab, die auf nachhaltige Marktteilnahme in Deutschland gerichtet sind. Abgegrenzt werden müssen hiervon Formen temporärer Selbstständigkeit, wie sie etwa bei kurzfristigen Projektaufträgen, Entsendungen oder aufenthaltsrechtlich motivierten Gewerbeanmeldungen auftreten.

Ebenfalls nicht Gegenstand dieses Buches sind sogenannte Scheingründungen, die lediglich formale Strukturen errichten, ohne eine tatsächliche wirtschaftliche Tätigkeit zu entfalten. Solche Konstruktionen dienen häufig der Umgehung aufenthaltsrechtlicher Vorschriften oder der Erlangung eines vermeintlichen Statusvorteils, ohne dass eine echte Marktteilnahme beabsichtigt ist.

Stattdessen liegt der Fokus dieses Werkes auf tragfähigen Unternehmenskonzepten, die von Anfang an auf Wachstum, Wertschöpfung, Arbeitsplatzeffekte und Integration in das deutsche Wirtschaftssystem ausgelegt sind. Dabei wird der gesamte Prozess – von der rechtlichen Basis über den unternehmerischen Alltag bis hin zu strategischen Zukunftsfragen – umfassend beleuchtet.

1.5 Aufbau und Methodik des Buches

Der Aufbau des Buches folgt einer systematischen Gliederung, die alle Phasen der Unternehmensgründung in Deutschland aus der Perspektive eines ausländischen Gründers abdeckt. Beginnend mit den rechtlichen Voraussetzungen des Aufenthalts und der Einwanderung werden in den folgenden Kapiteln die Wahl der passenden Rechtsform, der eigentliche Gründungsprozess, steuerliche und arbeitsrechtliche Aspekte sowie Finanzierungs- und Fördermöglichkeiten umfassend erläutert.

Besondere Berücksichtigung finden darüber hinaus interkulturelle Fragen, branchenspezifische Besonderheiten und strategische Herausforderungen der Integration in den deutschen Markt. Fallbeispiele und Praxisberichte internationaler Gründer veranschaulichen typische Erfolgsfaktoren und Stolpersteine. Das Buch vereint juristische Fundierung, wirtschaftliche Orientierung und praktische Handreichungen in einer Form, die sowohl informativ als auch handlungsleitend ist.

1.6 Hinweise zur Nutzung des Buches in der Praxis

Das Buch ist sowohl als durchgängiger Leitfaden zur Begleitung des gesamten Gründungsprozesses nutzbar als auch als Nachschlagewerk für spezifische Fragestellungen konzipiert. Jedes Kapitel steht in sich geschlossen und kann unabhängig von den anderen gelesen werden.

Das Buch richtet sich an Menschen, die ernsthaft planen, sich mit einer eigenen Geschäftsidee in Deutschland selbstständig zu machen, und sich dabei fundiert vorbereiten möchten. Es soll Sicherheit schaffen, Transparenz bieten und zur eigenverantwortlichen Umsetzung einer erfolgreichen Unternehmensgründung in Deutschland befähigen.

Kapitel 2: Aufenthalts- und Einwanderungsrechtliche Rahmenbedingungen

2.1 Rechtlicher Status von EU-, EWR- und Drittstaatsangehörigen

Die rechtlichen Voraussetzungen für die Gründung einer Firma in Deutschland hängen in entscheidender Weise vom Staatsangehörigkeitsstatus des Gründungswilligen ab. Eine grundlegende Unterscheidung besteht dabei zwischen Staatsangehörigen von Mitgliedstaaten der Europäischen Union, Angehörigen des Europäischen Wirtschaftsraums sowie Drittstaatsangehörigen, also Bürgerinnen und Bürgern aus Staaten, die weder zur EU noch zum EWR gehören.

EU-Bürger genießen in Deutschland aufgrund der unionsrechtlich garantierten Freizügigkeit umfassende Rechte. Nach Artikel 45 des Vertrages über die Arbeitsweise der Europäischen Union sowie nach der Richtlinie 2004/38/EG steht ihnen nicht nur das Recht zu, sich in Deutschland niederzulassen, sondern auch, hier selbstständig unternehmerisch tätig zu werden. Eine zusätzliche Aufenthaltserlaubnis ist für diese Personengruppe nicht erforderlich. Sie sind lediglich verpflichtet, sich bei den zuständigen Meldebehörden anzumelden und, je nach Gewerbeform, die entsprechenden gewerbe- oder handwerksrechtlichen Anzeigen zu erstatten.

Bürger aus EWR-Staaten, also Island, Liechtenstein und Norwegen, stehen EU-Bürgern in allen wesentlichen aufenthalts- und wirtschaftsrechtlichen Belangen gleich. Auch sie können ohne Aufenthaltstitel eine selbstständige Erwerbstätigkeit aufnehmen, sofern sie sich ordnungsgemäß anmelden und über ausreichende Existenzmittel verfügen.

Anders stellt sich die Situation für Drittstaatsangehörige dar. Für sie gilt der allgemeine Grundsatz des Aufenthaltsgesetzes, dass jede Erwerbstätigkeit in Deutschland – sei es in abhängiger oder selbstständiger Form – einer ausdrücklichen behördlichen Erlaubnis bedarf. Diese wird nur unter bestimmten Voraussetzungen erteilt, die in § 21 des Aufenthaltsgesetzes (AufenthG) näher geregelt sind. Drittstaatsangehörige müssen in aller Regel einen Aufenthaltstitel mit dem ausdrücklichen Zweck der Ausübung einer selbstständigen Tätigkeit beantragen und erhalten, bevor sie ihre unternehmerische Tätigkeit aufnehmen können. Ohne eine solche Genehmigung ist weder die Gewerbeanmeldung noch eine Registrierung beim Finanzamt oder im Handelsregister rechtmäßig möglich.

2.2 Aufenthaltstitel für selbstständige Erwerbstätigkeit

Die wichtigste rechtliche Grundlage für die Zulassung ausländischer Gründer aus Drittstaaten zur selbstständigen Erwerbstätigkeit ist § 21 des Aufenthaltsgesetzes. Diese

Norm enthält die zentralen Kriterien, nach denen über die Erteilung eines Aufenthaltstitels entschieden wird, wenn ein Ausländer in Deutschland ein Gewerbe eröffnen oder sich freiberuflich betätigen möchte.

Ein Aufenthaltstitel nach § 21 Absatz 1 AufenthG kann erteilt werden, wenn ein übergeordnetes wirtschaftliches Interesse oder ein besonderes regionales Bedürfnis besteht, wenn die Tätigkeit positive Auswirkungen auf die Wirtschaft erwarten lässt und wenn die Finanzierung des Vorhabens durch Eigenkapital oder eine zugesagte Kreditzusage gesichert ist. Die Beurteilung dieser Voraussetzungen erfolgt im Einzelfall, wobei die zuständigen Ausländerbehörden in der Regel die Stellungnahmen der zuständigen Industrie- und Handelskammern sowie gegebenenfalls der zuständigen Landeswirtschaftsbehörden einholen.

Wird die Aufenthaltserlaubnis erteilt, so berechtigt sie den Ausländer zur Ausübung genau derjenigen selbstständigen Tätigkeit, die im Antrag benannt wurde. Eine Ausweitung auf andere Geschäftsbereiche ist grundsätzlich möglich, bedarf jedoch der ausdrücklichen Genehmigung der Ausländerbehörde. Die Aufenthaltserlaubnis kann zunächst befristet werden, wird jedoch bei nachgewiesener wirtschaftlicher Tragfähigkeit regelmäßig verlängert und kann nach einer gewissen Zeit in eine Niederlassungserlaubnis münden.

2.3 Voraussetzungen nach § 21 Aufenthaltsgesetz

Die Erteilung eines Aufenthaltstitels zur Ausübung einer selbstständigen Erwerbstätigkeit erfordert den Nachweis einer Reihe von Voraussetzungen. Diese Voraussetzungen sind nicht nur formaler, sondern auch materieller Natur und zielen darauf ab, die wirtschaftliche Tragfähigkeit, die Ernsthaftigkeit und die Integrationsfähigkeit des Unternehmens sicherzustellen.

Erstens muss ein wirtschaftliches Interesse oder ein regionales Bedürfnis vorliegen. Dies bedeutet, dass das Unternehmen zur Förderung der regionalen Wirtschaft, zur Schaffung von Arbeitsplätzen oder zur Ansiedlung innovativer Technologien beitragen soll. Die Ausländerbehörde prüft insoweit die Bedeutung des Unternehmens für die betreffende Region.

Zweitens müssen positive Auswirkungen auf die Wirtschaft zu erwarten sein. Dazu zählen insbesondere die Aussicht auf Wertschöpfung, Steuerleistung, Beschäftigungseffekte oder eine sinnvolle Ergänzung des bestehenden Angebots.

Drittens muss die Finanzierung des Vorhabens gesichert sein. Dies kann durch Eigenmittel, durch Bankbestätigungen über zugesagte Kredite oder durch Verpflichtungserklärungen von Investoren geschehen.

Darüber hinaus wird regelmäßig die fachliche Eignung des Antragstellers überprüft, insbesondere bei gewerblichen Tätigkeiten mit hohen Anforderungen oder Gefährdungspotenzialen. In der Praxis bedeutet dies, dass Nachweise über Qualifikationen, Berufserfahrung oder unternehmerische Vorerfahrungen vorzulegen sind. Auch der Businessplan wird einer intensiven inhaltlichen Prüfung unterzogen, wobei Plausibilität, Marktkenntnis und finanzielle Kalkulation im Fokus stehen.

2.4 Verfahren zur Visumerteilung bei beabsichtigter Firmengründung

Ausländische Staatsangehörige, die sich außerhalb Deutschlands aufhalten und ein Unternehmen in der Bundesrepublik gründen möchten, müssen in aller Regel bereits vor der Einreise ein nationales Visum bei der zuständigen deutschen Auslandsvertretung beantragen. Dieses Visum dient als Vorstufe für die anschließende Aufenthaltserlaubnis und setzt eine umfassende Antragsprüfung voraus.

Der Antrag muss detaillierte Informationen über das geplante Unternehmen enthalten, darunter einen tragfähigen Businessplan, eine Marktanalyse, einen Finanzierungsnachweis und gegebenenfalls Nachweise über Qualifikationen und Berufserfahrung. Zusätzlich sind allgemeine Dokumente wie Reisepass, Lebenslauf und Führungszeugnis erforderlich.

Nach positiver Vorprüfung durch die Auslandsvertretung wird der Antrag an die zuständige Ausländerbehörde in Deutschland weitergeleitet, die gemeinsam mit den Wirtschafts- und Fachbehörden über die Erteilung entscheidet. Wird dem Antrag stattgegeben, wird das nationale Visum erteilt, mit dem der Gründer einreisen und anschließend innerhalb von drei Monaten bei der Ausländerbehörde die Aufenthaltserlaubnis beantragen kann.

Die Dauer des Verfahrens kann je nach Herkunftsland, individueller Sachlage und Arbeitsauslastung der beteiligten Stellen zwischen sechs Wochen und mehreren Monaten betragen. Eine frühzeitige Vorbereitung und vollständige Dokumentation sind daher entscheidend.

2.5 Niederlassungserlaubnis bei erfolgreicher Unternehmertätigkeit

Die Aufenthaltserlaubnis zur Ausübung einer selbstständigen Tätigkeit ist grundsätzlich befristet. Ziel vieler Unternehmer ist es jedoch, eine dauerhafte Niederlassung in Deutschland zu erreichen. Nach § 21 Absatz 4 AufenthG kann eine unbefristete Niederlassungserlaubnis erteilt werden, wenn der Ausländer erfolgreich unternehmerisch tätig war, der Lebensunterhalt nachhaltig gesichert ist und keine schwerwiegenden Ausweisungsgründe vorliegen.

Die Niederlassungserlaubnis verleiht dem Inhaber ein dauerhaftes Aufenthaltsrecht ohne weitere Zweckbindung. Sie ist nicht mehr an die Ausübung einer bestimmten unternehmerischen Tätigkeit gebunden und eröffnet auch die Möglichkeit, neue Geschäftsfelder zu erschließen oder sich beruflich umzuorientieren.

Voraussetzung für die Erteilung ist unter anderem der Nachweis, dass das Unternehmen seit mindestens drei Jahren erfolgreich besteht und der Lebensunterhalt einschließlich der Versorgung im Krankheitsfall und im Alter gesichert ist. Eine detaillierte Dokumentation über die wirtschaftliche Entwicklung des Unternehmens, betriebswirtschaftliche Auswertungen sowie ein Nachweis über Renten- oder Kapitalvorsorge sind regelmäßig erforderlich.

2.6 Aufenthaltstitel für Familienangehörige und Mitgründer

Auch Familienangehörige von selbstständigen Unternehmern haben unter bestimmten Voraussetzungen Anspruch auf eine Aufenthaltserlaubnis. Ehepartner und minderjährige Kinder können im Rahmen des Familiennachzugs nachziehen, sofern ausreichender Wohnraum vorhanden ist und der Lebensunterhalt für die gesamte Familie ohne Inanspruchnahme öffentlicher Mittel gesichert ist.

Die Aufenthaltserlaubnis der Familienangehörigen kann mit einem Arbeitsrecht versehen werden, sodass Ehepartner selbst eine Erwerbstätigkeit aufnehmen oder eine eigene unternehmerische Tätigkeit beginnen können. Kinder

erhalten Zugang zum deutschen Bildungssystem und genießen nach einer gewissen Aufenthaltsdauer einen eigenständigen Aufenthaltsstatus.

Mitgründer eines Unternehmens müssen grundsätzlich
selbst einen eigenen Aufenthaltstitel beantragen. Eine
bloße gesellschaftsrechtliche Beteiligung ohne Funktion in
der Geschäftsführung reicht nicht aus, um einen Aufenthaltstitel zu begründen. Mitgründer, die zugleich als Geschäftsführer tätig sind, müssen die oben dargestellten Voraussetzungen erfüllen und ebenfalls einen eigenständigen
Businessplan sowie eine gesicherte Finanzierung nachweisen.

2.7 Aufenthaltstitel für ausländische Geschäftsfüh-
rende ohne Wohnsitzpflicht

Besondere Regelungen gelten für ausländische Staatsangehörige, die in Deutschland als Geschäftsführer einer Gesellschaft bestellt werden, jedoch keinen Wohnsitz im Inland begründen möchten. Grundsätzlich kann ein Geschäftsführer auch aus dem Ausland tätig sein, insbesondere bei Kapitalgesellschaften wie der GmbH oder UG.

Die Bestellung zum Geschäftsführer bedarf der Eintragung
im Handelsregister und setzt eine persönliche Identifika-
tion bei einem deutschen Notar voraus. Ein Aufenthaltstitel ist nur dann erforderlich, wenn der Geschäftsführer sich

regelmäßig in Deutschland aufhält oder operative Aufgaben wahrnimmt, die eine physische Präsenz voraussetzen.

In der Praxis nutzen viele internationale Investoren sogenannte „resident directors" oder Treuhänder für die Geschäftsführung vor Ort, wenn sie selbst keine Aufenthaltsabsicht haben. Auch in diesen Fällen müssen jedoch alle rechtlichen Voraussetzungen eingehalten werden, insbesondere im Hinblick auf Haftung, steuerliche Ansässigkeit und tatsächliche Geschäftsleitung.

Kapitel 3: Wahl der geeigneten Rechtsform

3.1 Einzelunternehmen

Das Einzelunternehmen stellt in Deutschland die unkomplizierteste Form unternehmerischer Betätigung dar. Es entsteht rechtlich bereits mit der Aufnahme der Geschäftstätigkeit durch eine natürliche Person in eigenem Namen und auf eigene Rechnung, sofern keine andere Rechtsform (etwa eine Gesellschaft) gewählt wurde. Die rechtlichen Grundlagen ergeben sich primär aus dem Bürgerlichen Gesetzbuch (BGB), insbesondere in den allgemeinen Vorschriften über Schuldverhältnisse und Vertragsverhältnisse (§§ 104 ff. BGB), sowie aus dem Handelsgesetzbuch (HGB), sofern es sich bei dem Einzelunternehmen um ein Handelsgewerbe handelt.

Ist das Gewerbe nach Art und Umfang als kaufmännisch einzustufen, handelt es sich gemäß § 1 Abs. 2 HGB um einen Istkaufmann. In diesem Fall besteht die Pflicht zur Eintragung ins Handelsregister (§ 29 HGB). Unterhalb dieser Schwelle kann eine freiwillige Eintragung erfolgen (§ 2 HGB, „Kannkaufmann").

Die persönliche Haftung des Inhabers ist unbeschränkt und erstreckt sich auf das gesamte Privatvermögen (§§ 249 ff. BGB in Verbindung mit allgemeiner Zivilrechtsdogmatik). Für Gründer aus dem Ausland ist das Einzelunternehmen häufig der erste Schritt in die Selbstständigkeit, insbesondere bei freiberuflichen oder gering kapitalisierten Tätigkeiten. Es fallen keine Gründungskosten im engeren Sinne an, die Anmeldung erfolgt über das Gewerbeamt (§ 14 Gewerbeordnung – GewO).

Steuerlich unterliegt der Unternehmer der Einkommensteuer (§ 2 Abs. 1 Nr. 1 Einkommensteuergesetz – EStG) und ggf. der Gewerbesteuer (§§ 2, 7 Gewerbesteuergesetz – GewStG). Die Umsatzsteuerpflicht richtet sich nach §§ 1 ff. Umsatzsteuergesetz (UStG), wobei für Kleinunternehmer Regelungen nach § 19 UStG greifen können.

3.2 Freie Berufe im rechtlichen Vergleich zur Gewerblichkeit

Freiberufler unterliegen in Deutschland nicht den Regelungen der Gewerbeordnung (§ 6 Abs. 1 GewO) und müssen daher kein Gewerbe anmelden. Sie zählen nicht zu den Gewerbetreibenden, sondern üben „freiberufliche Tätigkeiten" im Sinne des § 18 Abs. 1 Nr. 1 EStG aus. Zu den typischen freien Berufen zählen unter anderem Ärzte, Zahnärzte, Rechtsanwälte, Notare, Ingenieure, Architekten, Dolmetscher, Journalisten und wissenschaftliche Berater.

Die Abgrenzung erfolgt nach dem Berufsbild, dem Vorliegen besonderer Qualifikationen und einer eigenverantwortlichen, fachlich unabhängigen Leistung. Die Anerkennung als Freiberufler wird regelmäßig vom zuständigen Finanzamt nach Vorlage entsprechender Nachweise (Diplome,

Qualifikationen, Berufszulassungen) vorgenommen. In reglementierten Berufen gelten darüber hinaus spezialgesetzliche Regelungen, wie etwa die Bundesärzteordnung (BÄO), das Heilberufsgesetz oder die Bundesrechtsanwaltsordnung (BRAO).

Freiberufler unterliegen weder der Gewerbesteuer noch der Gewerbeanzeigepflicht, wohl aber der Einkommensteuer- und Umsatzsteuerpflicht. Sie können ebenfalls ein Einzelunternehmen darstellen, müssen jedoch darauf achten, nicht durch Umfang oder Betriebsstruktur in die Gewerblichkeit überzugehen.

3.3 Gesellschaft bürgerlichen Rechts (GbR)

Die Gesellschaft bürgerlichen Rechts ist die einfachste Form der Personengesellschaft. Sie basiert auf § 705 ff. BGB, wonach sich mindestens zwei Personen zur Verfolgung eines gemeinsamen Zwecks verpflichten. Die GbR ist insbesondere für nichtkaufmännische Unternehmen geeignet, etwa im Bereich Projektentwicklung, gemeinschaftlicher Unternehmensaufbau oder freie Berufe.

Die GbR besitzt Teilrechtsfähigkeit, d. h., sie kann im Rechtsverkehr auftreten, Verträge schließen, klagen und verklagt werden. Die Gesellschafter haften jedoch gesamtschuldnerisch und persönlich mit ihrem gesamten

Vermögen (§§ 421, 427 BGB). Eine Eintragung ins Handelsregister ist nicht vorgesehen.

Die Gründung erfolgt formlos, ein schriftlicher Gesellschaftsvertrag ist nicht zwingend, jedoch aus Beweisgründen zu empfehlen. Die interne Willensbildung richtet sich nach dem Prinzip der Einstimmigkeit (§ 709 BGB), sofern im Gesellschaftsvertrag nichts anderes vereinbart wurde.

Wird die GbR gewerblich tätig und überschreitet sie die Schwelle zum Handelsgewerbe (§ 1 HGB), so muss sie zur Offenen Handelsgesellschaft (OHG) aufsteigen. Steuerlich ist die GbR nicht körperschaftsteuerpflichtig; vielmehr werden die Einkünfte den Gesellschaftern anteilig zugewiesen (§ 15 EStG).

3.4 Offene Handelsgesellschaft (OHG)

Die OHG ist eine rechtsfähige Personengesellschaft, geregelt in §§ 105–160 HGB. Sie entsteht, wenn zwei oder mehr Personen sich zum Betrieb eines Handelsgewerbes zusammenschließen. Voraussetzung ist die Eintragung ins Handelsregister (§ 106 HGB). Die OHG besitzt volle Rechtsfähigkeit, kann Eigentum erwerben, Verträge schließen und vor Gericht auftreten.

Ein wesentliches Merkmal ist die persönliche, unbeschränkte und gesamtschuldnerische Haftung aller Gesellschafter (§ 128 HGB). Diese Haftung ist nicht dispositiv.

Ausländische Gründer sollten dies bei Investitionen mit hohem Risiko berücksichtigen.

Die Geschäftsführung steht grundsätzlich allen Gesellschaftern gemeinschaftlich zu (§ 114 HGB), kann jedoch durch Gesellschaftsvertrag modifiziert werden. Die Buchführungspflicht nach § 238 HGB ist obligatorisch. Die OHG ist gewerbesteuerpflichtig und die erzielten Einkünfte fließen den Gesellschaftern anteilig zu (§ 15 Abs. 1 Satz 1 Nr. 2 EStG).

3.5 Kommanditgesellschaft (KG)

Die KG ist ebenfalls in den §§ 161–177a HGB geregelt. Sie besteht aus mindestens einem Komplementär, der unbeschränkt haftet, und einem Kommanditisten, dessen Haftung auf die im Handelsregister eingetragene Einlage beschränkt ist (§ 171 HGB). Diese Struktur ermöglicht eine klare Trennung zwischen Geschäftsführung und Kapitalbeteiligung.

Die Gründung erfolgt durch Abschluss eines Gesellschaftsvertrags und Eintragung ins Handelsregister (§ 162 HGB). Nur der Komplementär ist zur Geschäftsführung befugt (§ 164 HGB), der Kommanditist ist in der Regel von der Geschäftsführung ausgeschlossen.

Eine häufig genutzte Sonderform ist die GmbH & Co. KG, bei der die Komplementärsrolle von einer haftungsbeschränkten GmbH übernommen wird. Hierdurch wird die persönliche Haftung vollständig ausgeschaltet.

Steuerlich ist die KG wie die OHG eine Mitunternehmerschaft: Die Gesellschaft selbst unterliegt der Gewerbesteuer, die Gesellschafter versteuern ihre Anteile gemäß § 15 Abs. 1 Nr. 2 EStG.

3.6 Gesellschaft mit beschränkter Haftung (GmbH)

Die GmbH ist in §§ 1–88 des GmbH-Gesetzes (GmbHG) geregelt. Sie gilt als juristische Person und haftet ausschließlich mit ihrem Gesellschaftsvermögen (§ 13 Abs. 2 GmbHG). Die Gründung setzt eine notarielle Beurkundung des Gesellschaftsvertrags (§ 2 GmbHG), die Einzahlung des Stammkapitals (§ 5 GmbHG) sowie die Eintragung ins Handelsregister (§ 7 GmbHG) voraus. Das Mindestkapital beträgt 25.000 Euro.

Organe der GmbH sind die Gesellschafterversammlung (§§ 45–51 GmbHG) und die Geschäftsführung (§§ 6, 35–41a GmbHG). Die Geschäftsführung kann durch Nicht-Gesellschafter erfolgen, sofern diese nicht durch Gründe des § 6 Abs. 2 GmbHG ausgeschlossen sind.

Die GmbH unterliegt der Körperschaftsteuer (§ 1 KStG), der Gewerbesteuer (§ 2 GewStG) sowie der Kapitalertragsteuer auf Ausschüttungen (§ 43 Abs. 1 Satz 1 Nr. 1 EStG).

Sie ist buchführungspflichtig (§ 238 HGB) und zur Erstellung eines Jahresabschlusses verpflichtet (§ 42a GmbHG).

3.7 Unternehmergesellschaft (haftungsbeschränkt)

Die UG (haftungsbeschränkt) ist eine Sonderform der GmbH, die auf § 5a GmbHG beruht. Sie wurde eingeführt, um haftungsbeschränkte Gründungen mit geringem Startkapital zu ermöglichen. Eine Gründung ist mit einem Stammkapital ab 1 Euro möglich (§ 5a Abs. 1 GmbHG).

Die UG unterliegt denselben Regelungen wie die GmbH, jedoch mit der Besonderheit, dass sie zur Bildung einer gesetzlichen Rücklage verpflichtet ist: 25 % des Jahresüberschusses müssen als Rücklage einbehalten werden, bis das Mindestkapital einer GmbH erreicht ist (§ 5a Abs. 3 GmbHG). Danach ist eine Umwandlung in eine GmbH möglich.

Die UG eignet sich insbesondere für Gründer mit geringem Eigenkapitalbedarf, wird jedoch wegen des niedrigen Kapitals von Banken und Geschäftspartnern oft kritischer bewertet. Auch für ausländische Investoren kann dieser Aspekt in der Anfangsphase eine Rolle spielen.

3.8 Aktiengesellschaft (AG) und Europäische Gesellschaft (SE)

Die Aktiengesellschaft (AG) ist in den §§ 1–410 AktG geregelt. Sie ist eine kapitalmarktorientierte Rechtsform, deren Grundkapital in Aktien zerlegt ist (§ 1 Abs. 2 AktG). Das Mindestkapital beträgt 50.000 Euro (§ 7 AktG). Die AG eignet sich primär für große Unternehmen mit Bedarf an Fremd- und Beteiligungskapital.

Die Gründung setzt eine notarielle Beurkundung, eine Einzahlung des Grundkapitals (§§ 27–36 AktG), die Bestellung von Organen (Vorstand, Aufsichtsrat, Hauptversammlung) und die Eintragung in das Handelsregister voraus (§§ 36–41 AktG).

Die AG ist zur doppelten Buchführung und zur Veröffentlichung umfangreicher Finanzberichte verpflichtet (§§ 238 HGB, 264 HGB). Sie unterliegt der Körperschaftsteuer, Gewerbesteuer und Kapitalertragsteuer.

Die Europäische Gesellschaft (SE), geregelt durch die Verordnung (EG) Nr. 2157/2001 sowie das SE-Ausführungsgesetz (SEAG), erlaubt eine einheitliche Gesellschaftsstruktur für grenzüberschreitend tätige Unternehmen innerhalb der EU. Sie kann durch Verschmelzung, Gründung einer Holding oder als Tochtergesellschaft gegründet werden. Die SE eignet sich für international tätige Unternehmensgruppen und bietet Vorteile im Hinblick auf Mobilität und Unternehmensorganisation.

3.9 Kriterien zur Wahl der optimalen Rechtsform

Die Entscheidung für eine bestimmte Rechtsform sollte auf einer fundierten Analyse beruhen, die sowohl rechtliche als auch steuerliche, organisatorische und strategische Gesichtspunkte einbezieht.

Besonders relevant sind die Fragen der Haftung (persönlich vs. beschränkt), des Kapitalbedarfs, der Finanzierungsmöglichkeiten, der Gründungskosten, der Flexibilität in der Entscheidungsfindung, der steuerlichen Gesamtbelastung und der Akzeptanz im Geschäftsverkehr.

Für ausländische Gründer kommen zudem Fragen der aufenthaltsrechtlichen Anerkennung (z. B. bei Geschäftsführern ohne Wohnsitz) sowie der grenzüberschreitenden Besteuerung hinzu. Auch kann es sinnvoll sein, Gesellschaften so zu strukturieren, dass sie als Betriebsstätte mit Vermeidung der doppelten Besteuerung anerkannt werden.

Die Wahl der Rechtsform ist nicht endgültig: Im Lebenszyklus eines Unternehmens kann eine spätere Umwandlung nach den Vorschriften des Umwandlungsgesetzes (UmwG) erfolgen, etwa von einer GbR in eine GmbH oder von einer UG in eine reguläre GmbH.

3.10 Übersicht

Ein systematischer Vergleich der wichtigsten Gesellschaftsformen unterstreicht die erheblichen Unterschiede hinsichtlich Kapitalanforderung, Haftung, steuerlicher Einordnung und Gründungskosten. Ein Einzelunternehmen kann ohne Mindestkapital gegründet werden, die Haftung ist allerdings unbeschränkt. Auch eine GbR kann ohne Kapitaleinlage gegründet werden, jedoch haften hier alle Gesellschafter gesamtschuldnerisch und ebenfalls unbeschränkt. Die haftungsbeschränkte Unternehmergesellschaft (UG) erfordert nur ein Mindestkapital von einem Euro, bietet aber eine beschränkte Haftung. Die GmbH verlangt 25.000 Euro Stammkapital, ist haftungsbeschränkt und unterliegt der Körperschaft- und Gewerbesteuer. Die Gründungskosten betragen in der Regel mehrere Hundert Euro. Die Aktiengesellschaft (AG) ist mit mindestens 50.000 Euro Grundkapital und komplexen Satzungs- und Prüfpflichten verbunden und eignet sich in der Regel nur für größere Vorhaben.

Kapitel 4: Ablauf der Unternehmensgründung

Der Gründungsprozess eines Unternehmens in Deutschland folgt einer mehrstufigen Struktur, die sowohl privatwirtschaftliche Entscheidungen als auch öffentlich-rechtliche Anmeldungen, Genehmigungen und Formalakte umfasst. Dabei sind zahlreiche Stellen zu beteiligen – von Notaren über Handelsregistergerichte bis zu Gewerbe- und Finanzämtern. Gerade für ausländische Gründer stellt diese Vielfalt eine erhebliche Herausforderung dar, zumal die Einzelschritte je nach gewählter Rechtsform, Branche und Aufenthaltsstatus unterschiedlich ausfallen. Dieses Kapitel erläutert die relevanten Schritte in logischer Abfolge und verweist auf einschlägige gesetzliche Bestimmungen.

4.1 Entwicklung und Dokumentation einer tragfähigen Geschäftsidee

Am Anfang jeder Gründung steht die Ausarbeitung einer wirtschaftlich tragfähigen Geschäftsidee. Diese muss nicht nur marktfähig und betriebswirtschaftlich sinnvoll sein, sondern im Fall ausländischer Gründer auch im Visum- und Aufenthaltsverfahren nachvollziehbar dokumentiert werden, etwa in Form eines strukturierten Businessplans.

Gesetzlich vorgeschrieben ist die Entwicklung einer Geschäftsidee nicht; sie ist jedoch faktische Voraussetzung für fast alle weiteren Gründungsschritte. Der Businessplan dient der Plausibilitätsprüfung durch Behörden (§ 21 AufenthG), der Beurteilung durch Kreditgeber (§ 18 KWG analog) und als internes Steuerungsinstrument.

Ein vollständiger Businessplan enthält eine Beschreibung des Produkts oder der Dienstleistung, eine Marktanalyse, eine Wettbewerbsanalyse, eine Finanzplanung über mindestens drei Jahre, Informationen über den Gründer, einen Investitions- und Kapitalbedarfsplan sowie eine Strategie zur Kundengewinnung und Risikominderung.

4.2 Erstellung eines professionellen Businessplans

Die Anforderungen an den Businessplan sind abhängig vom Zweck. Muss er im aufenthaltsrechtlichen Verfahren (§ 21 Abs. 1 Satz 2 AufenthG) vorgelegt werden, gelten insbesondere Plausibilität, Nachhaltigkeit und positive wirtschaftliche Effekte als Beurteilungskriterien. Bei Finanzierungsanträgen verlangen Banken zusätzliche Finanzkennzahlen (Liquiditätsplan, Rentabilitätsvorschau) gemäß § 18 Kreditwesengesetz (KWG), wonach Kreditgeber sich vor Vertragsabschluss über die wirtschaftlichen Verhältnisse des Darlehensnehmers zu informieren haben.

Bei technologiebasierten Gründungsvorhaben sollte auch die Innovationshöhe und etwaiger Patentschutz dokumentiert werden (Patentgesetz – PatG, Gebrauchsmustergesetz – GebrMG). Bei Gründungen im Dienstleistungssektor steht hingegen die Qualifikation und Marktkenntnis des Gründers im Vordergrund.

4.3 Auswahl eines geeigneten Standorts

Der Unternehmensstandort hat nicht nur strategische Bedeutung im Hinblick auf Marktpräsenz, Kundenstruktur und Infrastrukturzugang, sondern auch administrative Relevanz: Der Standort bestimmt die örtliche Zuständigkeit der Gewerbe-, Finanz- und Ausländerbehörden (§ 3 AO, § 6 GewO).

Für ausländische Gründer empfiehlt es sich, einen Sitz in einer wirtschaftlich dynamischen Region mit guter Verwaltungsinfrastruktur zu wählen. In bestimmten Fördergebieten kann zudem auf zusätzliche staatliche Zuschüsse oder steuerliche Begünstigungen zurückgegriffen werden (z. B. GRW-Förderung, EU-Strukturfonds). Die Wahl eines Scheinstandorts (Briefkastenadresse) kann zu Problemen bei der steuerlichen Anerkennung (§ 138 AO) und zur Ablehnung eines Aufenthaltstitels führen.

4.4 Kontoeröffnung bei deutschen Geschäftsbanken

Ein deutsches Geschäftskonto ist für nahezu alle weiteren Gründungsschritte notwendig, insbesondere für Kapitalgesellschaften, bei denen das Stammkapital vor Eintragung auf ein Sperrkonto einbezahlt werden muss (§ 7 Abs. 2 GmbHG, § 36 AktG).

Banken sind nach § 10 Geldwäschegesetz (GwG) verpflichtet, vor Kontoeröffnung eine Identitätsprüfung durchzuführen (Know-your-customer-Prinzip). Für ausländische Gründer kann dies mit praktischen Hürden verbunden sein, insbesondere wenn kein deutscher Wohnsitz nachgewiesen werden kann.

Viele Banken verlangen persönliche Vorsprache, teilweise auch beglaubigte Übersetzungen ausländischer Dokumente. Die Kontoeröffnung kann daher einige Wochen in Anspruch nehmen. Wichtig ist, dass die Einlage des Stammkapitals vor notarieller Anmeldung nachgewiesen wird (§ 8 Abs. 2 GmbHG).

4.5 Notarielle Beurkundung und Handelsregistereintragung

Für die Gründung einer Kapitalgesellschaft (GmbH, UG, AG) ist eine notarielle Beurkundung des Gesellschaftsvertrags vorgeschrieben (§ 2 GmbHG, § 23 AktG). Der Notar nimmt zusätzlich die Anmeldung zum Handelsregister vor (§ 12 HGB), die in elektronischer Form erfolgen muss (§ 12 Abs. 2 Satz 1 HGB).

Die Anmeldung zum Handelsregister muss insbesondere folgende Angaben enthalten: Firma, Sitz,

Unternehmensgegenstand, Gesellschafterliste (§ 8 Abs. 1 Nr. 3 GmbHG), Geschäftsführer (§ 6 GmbHG), Einlageverpflichtung (§ 7 Abs. 2 GmbHG) sowie eine Versicherung, dass keine strafrechtlichen Verurteilungen oder Ausschlussgründe vorliegen (§ 8 Abs. 3 GmbHG).

Die Eintragung erfolgt durch das zuständige Registergericht (§ 378 FamFG). Erst mit Eintragung entsteht die Gesellschaft als juristische Person (konstitutive Wirkung, § 11 Abs. 1 GmbHG). Bei Personengesellschaften (OHG, KG) erfolgt die Eintragung nach §§ 106, 162 HGB, hier jedoch mit deklaratorischer Wirkung.

4.6 Anmeldung beim Gewerbeamt

Unabhängig von der Rechtsform muss jedes gewerbliche Unternehmen beim örtlichen Gewerbeamt angemeldet werden (§ 14 GewO). Die Anmeldung muss vor Beginn der Tätigkeit erfolgen. Freiberufler sind davon befreit (§ 6 GewO).

Die Gewerbeanmeldung erfordert einen Identitätsnachweis, eine Beschreibung der Tätigkeit sowie gegebenenfalls weitere Unterlagen, etwa bei erlaubnispflichtigen Gewerben (z. B. Makler, Bewachungsgewerbe, Gaststätten nach §§ 34c–34i GewO). Bei ausländischen Staatsangehörigen muss zudem der Aufenthaltstitel zur Ausübung einer selbstständigen Tätigkeit vorgelegt werden (§ 4 Abs. 3 AufenthG i.V.m. § 21 AufenthG).

Nach erfolgreicher Anmeldung informiert das Gewerbeamt automatisch das Finanzamt, die Industrie- und Handelskammer sowie ggf. die Berufsgenossenschaft (§ 14 Abs. 8 GewO).

4.7 Anmeldung beim Finanzamt und Beantragung der Steuernummer

Nach der Gewerbeanmeldung oder der Handelsregistereintragung ist beim zuständigen Finanzamt die steuerliche Erfassung zu beantragen. Dies erfolgt durch die elektronische Übermittlung des Fragebogens zur steuerlichen Erfassung (§ 138 Abs. 1 AO, § 85 AO).

Darin sind u. a. anzugeben: Art und Umfang der Tätigkeit, voraussichtliche Umsätze und Gewinne, Angaben zur Umsatzsteuerpflicht (§ 19 oder § 20 UStG), zur Bilanzierung oder Einnahmen-Überschuss-Rechnung (§§ 4 Abs. 3, 5 EStG), Bankverbindungen sowie Angaben zu Gesellschaftern.

Nach Prüfung erteilt das Finanzamt eine Steuernummer. Für grenzüberschreitenden Handel kann zusätzlich eine Umsatzsteuer-Identifikationsnummer (USt-ID) nach § 27a UStG beantragt werden.

4.8 Registrierung bei IHK oder HWK

Alle gewerblichen Unternehmen sind nach § 2 Abs. 1 IHKG Mitglieder der zuständigen Industrie- und Handelskammer. Handwerksbetriebe unterliegen zudem der Pflichtmitgliedschaft in der Handwerkskammer gemäß § 90 Handwerksordnung (HwO).

Die Eintragung erfolgt automatisch nach Gewerbeanmeldung oder Handelsregistereintragung. Für handwerkliche Berufe ist unter Umständen die Eintragung in die Handwerksrolle erforderlich (§ 1 HwO), insbesondere bei zulassungspflichtigen Tätigkeiten nach Anlage A zur HwO.

Die Kammern bieten darüber hinaus Unterstützung bei Existenzgründung, Weiterbildung, Vermittlung von Netzwerken und Informationen zur Außenwirtschaftsförderung.

4.9 Anmeldung bei Berufsgenossenschaften und Pflichtversicherungen

Jeder Unternehmer ist verpflichtet, sein Unternehmen innerhalb einer Woche nach Aufnahme der Tätigkeit bei der zuständigen Berufsgenossenschaft anzumelden (§ 192 SGB VII). Diese fungieren als Träger der gesetzlichen Unfallversicherung für Unternehmen und deren Mitarbeiter.

Die Zuordnung erfolgt nach Branche. Die Meldung kann elektronisch oder schriftlich erfolgen. Wird die Anmeldung versäumt, kann eine Zwangszuweisung erfolgen, ggf. verbunden mit Bußgeldern (§ 209 Abs. 1 Nr. 1 SGB VII). Zudem sind je nach Rechtsform und Tätigkeitsbereich weitere Anmeldungen erforderlich, z. B. bei der Sozialversicherung (Krankenkasse, Rentenversicherung, Bundesagentur für Arbeit), wenn Mitarbeiter beschäftigt werden (§ 28a SGB IV). Geschäftsführer einer GmbH können sozialversicherungspflichtig sein, wenn sie nicht mehrheitlich am Unternehmen beteiligt sind (§ 7 SGB IV).

4.10 Übersicht

Die Anerkennung ausländischer Berufsabschlüsse erfolgt in Deutschland je nach Beruf über unterschiedliche Stellen. Elektriker und Friseure wenden sich an die Handwerkskammer, wobei Zeugnisse und Nachweise der praktischen Tätigkeit vorzulegen sind. Die Bearbeitungsdauer liegt zwischen zwei und vier Monaten. Pflegefachkräfte müssen sich an das zuständige Landesprüfungsamt wenden und neben dem Abschluss oft auch Sprachzertifikate vorlegen; hier dauert das Verfahren in der Regel drei bis sechs Monate. Ärzte beantragen ihre Approbation bei der zuständigen Behörde im Bundesland und müssen Sprachprüfungen auf mindestens B2–C1 Niveau sowie einen Nachweis über ihre fachliche Eignung vorlegen. Die Bearbeitungsdauer kann bis zu einem Jahr betragen. Für Architekten erfolgt die Anerkennung durch die Architektenkammer und setzt den Nachweis eines einschlägigen Studienabschlusses und ggf. Berufserfahrung voraus. Die Bearbeitungszeit liegt bei vier bis sechs Monaten.

Kapitel 5: Steuerliche Rahmenbedingungen und Pflichten

Das deutsche Steuerrecht stellt hohe Anforderungen an unternehmerische Tätigkeit. Bereits mit der Gründung eines Unternehmens beginnt eine Vielzahl steuerlicher Pflichten, deren Einhaltung für den rechtmäßigen Betrieb und die wirtschaftliche Stabilität eines Unternehmens essenziell ist. Ausländische Gründer sehen sich dabei oft nicht nur mit sprachlichen und bürokratischen Herausforderungen konfrontiert, sondern auch mit einem komplexen Steuersystem, das mehrere Steuerarten, Meldepflichten und Abgabefristen umfasst. Dieses Kapitel stellt die wichtigsten Unternehmenssteuern dar, erläutert deren rechtliche Grundlagen und beschreibt die praktischen Anforderungen an Buchführung und Steuererklärung.

5.1 Einführung in das deutsche Steuerrecht für Unternehmer

Das deutsche Steuersystem folgt dem Prinzip der steuerlichen Selbstveranlagung und setzt auf umfassende Mitwirkungspflichten der Steuerpflichtigen. Die gesetzliche Grundlage bildet die Abgabenordnung (AO), insbesondere §§ 33–42 AO (Begriff und Arten der Steuern), §§ 85 ff. AO (Mitwirkungspflichten), § 140 AO (Buchführungspflicht) sowie § 149 AO (Steuererklärungspflichten).

Juristische Personen sind als eigenständige Steuersubjekte steuerpflichtig (§ 1 KStG, § 2 GewStG), ebenso natürliche Personen mit gewerblicher oder selbstständiger Tätigkeit (§ 15 EStG, § 18 EStG). Die Besteuerung erfolgt grundsätzlich nach dem Welteinkommensprinzip (§ 1 Abs. 1 EStG), kann aber durch Doppelbesteuerungsabkommen eingeschränkt werden.

5.2 Einkommensteuer, Körperschaftsteuer und Gewerbesteuer

5.2.1 Einkommensteuer

Einzelunternehmer und Mitunternehmer in Personengesellschaften (z. B. GbR, OHG, KG) unterliegen der Einkommensteuer (§ 2 EStG). Die steuerpflichtigen Einkünfte werden gemäß § 2 Abs. 1 Nr. 1–7 EStG in Einkunftsarten unterteilt. Für Unternehmen sind insbesondere § 15 EStG (Einkünfte aus Gewerbebetrieb) und § 18 EStG (Einkünfte aus selbstständiger Arbeit) relevant.

Bemessungsgrundlage ist der Gewinn, der entweder durch Einnahmen-Überschuss-Rechnung (§ 4 Abs. 3 EStG) oder durch Bilanzierung (§§ 4 Abs. 1, 5 EStG) ermittelt wird. Der Einkommensteuertarif ist progressiv und reicht im Jahr 2025 von 0 % bis 45 % (§ 32a EStG). Zusätzlich fällt der Solidaritätszuschlag (§§ 3, 4 SolZG) und ggf.

Kirchensteuer (§§ 51 ff. EStG i.V.m. landesrechtlichen Vorschriften) an.

5.2.2 Körperschaftsteuer

Kapitalgesellschaften wie GmbH, UG und AG unterliegen nicht der Einkommensteuer, sondern der Körperschaftsteuer (§ 1 Abs. 1 Nr. 1 KStG). Die Bemessungsgrundlage ist das zu versteuernde Einkommen, das nach dem Einkommensteuergesetz unter Berücksichtigung besonderer Vorschriften des Körperschaftsteuergesetzes ermittelt wird (§§ 7–8 KStG).

Der Körperschaftsteuersatz beträgt 15 % (§ 23 Abs. 1 KStG), hinzu kommen der Solidaritätszuschlag von 5,5 % auf die Körperschaftsteuer (§ 3 SolZG) und ggf. Gewerbesteuer. Ausschüttungen an Gesellschafter unterliegen der Kapitalertragsteuer in Höhe von 25 % (§ 43 Abs. 1 Satz 1 Nr. 1 EStG), die bei natürlichen Personen auf die Einkommensteuer angerechnet wird (§ 36 Abs. 2 EStG).

5.2.3 Gewerbesteuer

Die Gewerbesteuer ist eine Realsteuer, die von jeder gewerblichen Tätigkeit erhoben wird (§ 2 GewStG). Sie fällt sowohl bei Kapitalgesellschaften als auch bei gewerblich tätigen Einzelunternehmen und Personengesellschaften an.

Die Bemessungsgrundlage ist der Gewerbeertrag (§§ 6–7 GewStG), der in Anlehnung an das Einkommen bzw. den Gewinn des Unternehmens berechnet und durch bestimmte Hinzurechnungen (§ 8 GewStG) und Kürzungen (§ 9 GewStG) modifiziert wird.

Der einheitliche Steuermessbetrag beträgt 3,5 % des Gewerbeertrags (§ 11 Abs. 2 GewStG), auf den die jeweilige Gemeinde einen individuellen Hebesatz anwendet (§ 16 Abs. 1 GewStG). Dieser Hebesatz beträgt mindestens 200 %, in Großstädten häufig 400–500 %. Kapitalgesellschaften erhalten keinen Freibetrag. Einzelunternehmen und Personengesellschaften haben einen Freibetrag von 24.500 € (§ 11 Abs. 1 Nr. 1 GewStG) und können die Gewerbesteuer teilweise auf die Einkommensteuer anrechnen lassen (§ 35 EStG).

5.3 Umsatzsteuer

Die Umsatzsteuer ist eine Verbrauchsteuer, die auf nahezu alle Lieferungen und Leistungen erhoben wird, die ein Unternehmer im Inland gegen Entgelt im Rahmen seines Unternehmens ausführt (§ 1 Abs. 1 Nr. 1 UStG). Unternehmer ist, wer nachhaltig mit Gewinnerzielungsabsicht tätig ist (§ 2 UStG).

Der Regelsteuersatz beträgt 19 % (§ 12 Abs. 1 UStG), der ermäßigte Satz 7 % gilt für bestimmte Produkte und

Dienstleistungen (§ 12 Abs. 2 UStG, z. B. Bücher, Lebensmittel, Kulturleistungen). Die Umsatzsteuer wird vom Unternehmer erhoben und an das Finanzamt abgeführt; gleichzeitig kann er Vorsteuerbeträge aus Eingangsleistungen abziehen (§ 15 UStG).

Neugründer müssen prüfen, ob sie unter die sogenannte Kleinunternehmerregelung (§ 19 UStG) fallen. Diese befreit von der Umsatzsteuerpflicht, wenn im Vorjahr der Umsatz 22.000 € und im laufenden Jahr voraussichtlich 50.000 € nicht übersteigt. In diesem Fall darf jedoch keine Vorsteuer geltend gemacht werden.

Für innergemeinschaftliche Lieferungen und Leistungen sowie Drittlandexporte gelten Sonderregelungen (§§ 6, 6a, 13b UStG), darunter das Reverse-Charge-Verfahren und steuerfreie Ausfuhrlieferungen (§ 4 Nr. 1a UStG). Unternehmer im EU-Ausland benötigen eine Umsatzsteuer-Identifikationsnummer (§ 27a UStG) und müssen Zusammenfassende Meldungen nach § 18a UStG abgeben.

5.4 Doppelbesteuerungsabkommen und internationale Steuerplanung

Die Bundesrepublik Deutschland hat mit über 90 Staaten bilaterale Doppelbesteuerungsabkommen (DBA) abgeschlossen, um eine doppelte Besteuerung desselben Einkommens in zwei Staaten zu vermeiden. Die rechtliche

Grundlage ist § 2 AO i.V.m. den jeweiligen Abkommen sowie Art. 25 OECD-Musterabkommen.

Diese Abkommen regeln, welches Land das Besteuerungsrecht an bestimmten Einkünften hat, insbesondere bei Betriebsstätten (Art. 5 DBA), Dividenden (Art. 10 DBA), Lizenzgebühren (Art. 12 DBA), Unternehmensgewinnen (Art. 7 DBA) und selbstständiger Arbeit (Art. 14 DBA).

Für ausländische Gründer ist zu klären, ob das Unternehmen eine inländische Betriebsstätte i. S. d. § 12 AO begründet und ob eine abkommensrechtliche Ansässigkeit in Deutschland besteht. Bei Hybridstrukturen (z. B. Sitz im Ausland, Geschäftsleitung in Deutschland) drohen Konflikte über die Steuerhoheit (§ 10 AO, § 1 Abs. 1 KStG).

Zur Vermeidung doppelter Belastung kommen Methoden wie die Freistellungsmethode (§ 50d Abs. 8 EStG) oder die Anrechnungsmethode (§ 34c EStG) zur Anwendung. Die richtige Gestaltung erfordert steuerlichen Fachrat, insbesondere bei verbundenen Unternehmen (Verrechnungspreise, § 1 AStG).

5.5 Steuerberaterwahl und Pflichten zur Buchführung

Die Buchführungspflicht richtet sich nach §§ 238 ff. HGB sowie § 140 AO, wonach jeder Kaufmann verpflichtet ist, Bücher zu führen. Für nicht-kaufmännische Unternehmen gilt § 141 AO: Überschreiten Umsatz oder Gewinn bestimmte Schwellen (600.000 € Umsatz oder 60.000 € Gewinn pro Jahr), wird die Buchführung ebenfalls verpflichtend.

Die Buchführung kann intern erfolgen oder an einen Steuerberater ausgelagert werden. Die Bestellung eines Steuerberaters ist nicht gesetzlich vorgeschrieben, aber dringend zu empfehlen, insbesondere bei Kapitalgesellschaften, internationalen Geschäftsmodellen oder komplexer Finanzierung.

Steuerberater sind zur Verschwiegenheit verpflichtet (§ 57 Abs. 1 Steuerberatungsgesetz – StBerG) und unterliegen der Berufsaufsicht. Sie unterstützen bei der Erstellung der laufenden Buchhaltung, der Jahresabschlüsse (§ 242 HGB), der Steuererklärungen (§ 149 AO) und der Kommunikation mit dem Finanzamt (§ 80 AO i.V.m. § 3 StBerG).

5.6 Jahresabschlüsse und Betriebsprüfungen

Kapitalgesellschaften müssen jährlich einen Jahresabschluss bestehend aus Bilanz, Gewinn- und Verlustrechnung (GuV) und ggf. Anhang (§§ 242–264 HGB) aufstellen. Kleinstkapitalgesellschaften können dabei Erleichterungen nach § 267a HGB in Anspruch nehmen.

Der Jahresabschluss ist in elektronischer Form im Bundesanzeiger zu veröffentlichen (§ 325 HGB). Die

Offenlegungspflicht dient dem Gläubigerschutz und der Transparenz des Wirtschaftsverkehrs. Verstöße können zu Ordnungsgeldern nach § 335 HGB führen.

Betriebsprüfungen erfolgen auf Grundlage der §§ 193 ff. AO. Die Finanzverwaltung kann je nach Risikoeinstufung, Betriebsgröße und Auffälligkeiten bei Steuererklärungen regelmäßig oder anlassbezogen Prüfungen durchführen. Insbesondere Neugründungen mit hohen Verlusten, unplausiblen Buchführungen oder Auslandsbeziehungen werden häufig geprüft.

5.7 Steuerliche Förderungen und Abschreibungen

Zur Förderung von Investitionen bestehen zahlreiche steuerliche Begünstigungen. Abschreibungen erfolgen gemäß §§ 7–7g EStG und erlauben die planmäßige Verteilung von Anschaffungskosten über die Nutzungsdauer eines Wirtschaftsguts. Für bestimmte Güter kann die degressive Abschreibung (§ 7 Abs. 2 EStG) oder Sonderabschreibung (§ 7g Abs. 5 EStG) geltend gemacht werden.

Zusätzlich bestehen Investitionsabzugsbeträge (§ 7g Abs. 1–4 EStG), steuerfreie Rücklagen (§ 6b EStG) und Forschungszulagen (§ 3 Forschungszulagengesetz – FZulG). Die Inanspruchnahme solcher Regelungen erfordert eine vorausschauende Planung und gegebenenfalls eine Abstimmung mit dem Steuerberater oder der Finanzverwaltung.

5.8 Übersicht

Zur besseren Orientierung im föderalen Steuersystem Deutschlands ist ein Blick auf die gewerbesteuerlichen Unterschiede zwischen einzelnen Städten besonders aufschlussreich. Die Höhe der Gewerbesteuer variiert erheblich zwischen den Gemeinden und wirkt sich in der Praxis spürbar auf die Gesamtsteuerbelastung eines Unternehmens aus. In Berlin beträgt der Hebesatz beispielsweise 410 %, was zu einer effektiven Gesamtbelastung aus Körperschaftsteuer und Gewerbesteuer von etwa 30 % führt. In München liegt der Hebesatz bei 490 %, was in der Praxis einer Gesamtbelastung von rund 33 % entspricht. Hamburg erhebt einen Hebesatz von 470 % (etwa 32,5 %), Frankfurt am Main 460 % (rund 32 %), und Leipzig liegt mit 450 % bei etwa 31,5 %. Diese Unterschiede sind bei der Standortwahl unbedingt zu berücksichtigen, da sie die Nettorendite eines Unternehmens erheblich beeinflussen können.

Auch im Hinblick auf die Abgabefristen und Verpflichtungen ergeben sich systematische Anforderungen, die alle Steuerarten betreffen. Die Einkommen- und Körperschaftsteuererklärungen müssen in der Regel bis zum 31. Juli des Folgejahres elektronisch eingereicht werden – etwa über das ELSTER-Portal. Die Umsatzsteuer ist abhängig vom Umsatz des Vorjahres monatlich oder vierteljährlich abzuführen. Auch die Gewerbesteuererklärung hat bis zum

31. Juli vorzuliegen. Arbeitgeber sind verpflichtet, die Lohnsteuer monatlich abzuführen. Versäumnisse können zu Sanktionen wie Verspätungszuschlägen, Säumniszinsen oder in gravierenden Fällen zu Bußgeldern und strafrechtlichen Konsequenzen führen. Diese Fristen gelten unabhängig von der Nationalität des Unternehmers und sind strikt einzuhalten.

Kapitel 6: Finanzierungsmöglichkeiten und Förderinstrumente

Die Finanzierung ist ein zentrales Element jeder Unternehmensgründung. Ohne ausreichende Kapitalbasis lassen sich Investitionen nicht tätigen, laufende Kosten nicht decken und notwendige Entwicklungsschritte nicht verwirklichen. Für ausländische Gründer in Deutschland stellt die Kapitalbeschaffung eine doppelte Herausforderung dar: Zum einen fehlt häufig ein Zugang zum lokalen Bankensystem, zum anderen müssen sie nationale Förderprogramme erst kennen und sich als antragsberechtigt qualifizieren. Dieses Kapitel bietet eine strukturierte Übersicht über die wichtigsten Finanzierungsquellen, Fördermöglichkeiten und institutionellen Rahmenbedingungen, unter besonderer Berücksichtigung der Ausgangssituation ausländischer Gründer.

6.1 Übersicht über Finanzierungsarten

In Deutschland unterscheidet man grundsätzlich zwischen Eigenkapital, Fremdkapital und hybriden Finanzierungsformen. Eigenkapital umfasst alle Mittel, die ohne Rückzahlungsverpflichtung eingebracht werden, etwa durch den Gründer selbst oder durch Investoren. Fremdkapital bezeichnet klassische Darlehen oder Kredite, die verzinst und getilgt werden müssen. Hybride Formen kombinieren

Elemente beider Varianten – etwa stille Beteiligungen oder Wandeldarlehen.

Rechtlich relevant ist insbesondere die Behandlung der Kapitalzufuhr im Gesellschaftsvertrag und in der Bilanzierung. Einlagen in das Stammkapital einer GmbH unterliegen § 7 GmbHG, die Haftung folgt § 13 Abs. 2 GmbHG. Darlehen zwischen Gesellschaftern und Gesellschaft unterliegen den §§ 488 ff. BGB, werden jedoch bei verdeckter Eigenkapitalzuführung steuerlich streng geprüft (§ 8 Abs. 3 Satz 2 KStG).

6.1.1 Eigenkapital aus dem Herkunftsland

Viele Gründer bringen Startkapital aus dem Ausland mit. Dieses Kapital kann grundsätzlich ohne Einschränkung nach Deutschland transferiert werden, da der Kapitalverkehr innerhalb der Europäischen Union und mit Drittstaaten grundsätzlich frei ist (Art. 63 AEUV, § 1 Abs. 1 Außenwirtschaftsgesetz – AWG).

Bei Einzahlungen auf Bankkonten oder Kapitalgesellschaften ist zu beachten, dass ab einem Betrag von 12.500 € eine statistische Meldepflicht bei der Deutschen Bundesbank besteht (§ 11 Außenwirtschaftsverordnung – AWV). Darüber hinaus sind Herkunft und Mittelverwendung auf Anfrage nach dem Geldwäschegesetz (§§ 10, 11 GwG) nachzuweisen.

6.1.2 Bankkredite und ihre Voraussetzungen

Für in Deutschland tätige Unternehmen sind Bankdarlehen nach wie vor eine der wichtigsten externen Finanzierungsquellen. Die rechtliche Grundlage bildet der Darlehensvertrag gemäß § 488 BGB.

Banken sind verpflichtet, vor der Kreditvergabe die wirtschaftlichen Verhältnisse des Antragstellers zu prüfen (§ 18 Kreditwesengesetz – KWG). Diese Prüfung erfordert in der Regel einen Businessplan, aktuelle betriebswirtschaftliche Auswertungen, eine Selbstauskunft, Sicherheiten und ggf. eine Schufa-Abfrage. Ausländische Gründer haben hier häufig strukturelle Nachteile, insbesondere wenn sie noch keine Bonitätshistorie oder festen Wohnsitz in Deutschland vorweisen können.

Die Vergabe von Krediten an Kapitalgesellschaften erfolgt meist nur bei zusätzlicher Bürgschaft durch den oder die Gesellschafter. Dies stellt aus haftungsrechtlicher Sicht eine Rückkehr zur persönlichen Risikoübernahme dar, obwohl die Gesellschaft formal haftungsbeschränkt ist.

6.1.3 Bürgschaften und Förderbanken

Zur Überwindung fehlender Sicherheiten existieren Bürgschaftsprogramme auf Landes- und Bundesebene. Bürgschaftsbanken wie die Bürgschaftsbank Baden-Württemberg oder NRW.BANK übernehmen Ausfallbürgschaften gegenüber den Hausbanken (§ 765 BGB), wodurch die Kreditvergabe erleichtert wird.

Die rechtlichen Rahmenbedingungen werden durch die Allgemeinen Geschäftsbedingungen der Bürgschaftsbanken sowie durch Haushaltsrecht und beihilferechtliche Vorgaben der EU (Art. 107 AEUV) bestimmt. Antragsteller müssen ein tragfähiges Konzept, einen Finanzierungsbedarf und eine positive Prognose vorweisen.

6.2 Förderprogramme auf Bundes- und Länderebene

Deutschland verfügt über eine Vielzahl öffentlicher Förderinstrumente für Unternehmensgründungen. Die wichtigsten Akteure sind die Kreditanstalt für Wiederaufbau (KfW), die Landesförderbanken, das Bundesministerium für Wirtschaft und Klimaschutz (BMWK), regionale Wirtschaftsfördergesellschaften sowie die EU mit ihren Strukturfonds.

6.2.1 Programme der KfW

Die KfW ist die nationale Förderbank Deutschlands (§ 1 KfW-Gesetz). Für Gründer relevant sind vor allem:

- **ERP-Gründerkredit – StartGeld**: Für kleinere Gründungsvorhaben bis 125.000 €.

Haftungsfreistellung bis 80 % für Hausbank. Zinssatz subventioniert.

- **ERP-Kapital für Gründung**: Nachrangdarlehen mit Eigenkapitalcharakter, kombinierbar mit anderen Fördermitteln.

- **ERP-Digitalisierungs- und Innovationskredit**: Für technologieorientierte Unternehmen.

Diese Kredite müssen über eine Hausbank beantragt werden (Hausbankprinzip). Eine frühzeitige Vorbereitung und enge Zusammenarbeit mit der Bank ist erforderlich.

6.2.2 EXIST-Gründerstipendium und Innovationsförderung

Für akademisch geprägte Gründer bietet das EXIST-Gründerstipendium (§ 1 EXIST-Richtlinie) eine monatliche Unterstützung bis zu 3.000 € über 12 Monate, zusätzlich Sachmittel und Coaching. Voraussetzung ist die Einbettung des Vorhabens in eine Hochschule oder Forschungseinrichtung.

Für forschungsbasierte Unternehmen bestehen Programme wie das Zentrale Innovationsprogramm Mittelstand (ZIM), das Innovationsgutscheine-Programm (Go-Inno) sowie die High-Tech Gründerfonds (HTGF), bei denen sich der Staat mit Beteiligungskapital engagiert. Die

Fördervergabe erfolgt nach Zuwendungsrecht (§§ 23, 44 BHO) und ist mit Verwendungsnachweisen verbunden.

6.3 Investoren, Venture Capital und Business Angels

Wagniskapital ist insbesondere für innovative, wachstumsstarke Gründungsvorhaben relevant. Venture-Capital-Gesellschaften beteiligen sich mit Eigenkapital an jungen Unternehmen, häufig verbunden mit Managementunterstützung und Exit-Strategie.

Die rechtlichen Rahmenbedingungen ergeben sich aus dem Kapitalanlagegesetzbuch (KAGB), dem GmbHG (bei Beteiligungen an GmbHs) und gesellschaftsrechtlichen Beteiligungsverträgen. Häufig wird eine Beteiligung in Form einer offenen oder stillen Beteiligung (§§ 230–237 HGB) oder durch Wandeldarlehen gestaltet.

Business Angels sind wohlhabende Privatpersonen, die Start-ups in Frühphasen durch Kapital, Kontakte und Erfahrung unterstützen. Die Vermittlung erfolgt über Netzwerke wie BAND (Business Angels Netzwerk Deutschland).

Für ausländische Gründer besteht hier oft ein Glaubwürdigkeitsproblem: Ohne lokale Referenzen und verlässliche Governance-Strukturen ist es schwierig, das Vertrauen von Investoren zu gewinnen. Ein gut strukturierter

Gesellschaftsvertrag, Transparenz und klare Exit-Klauseln (Tag-along, Drag-along, Vesting) sind unverzichtbar.

6.4 Mikrofinanzierung und Crowdfunding-Modelle

Für Kleinstgründungen ohne klassische Sicherheiten existieren Mikrokredite, z. B. über das Mikrofinanzinstitut Deutschland oder die GLS Bank. Rechtlich handelt es sich meist um standardisierte Darlehen mit niedriger Kreditsumme (bis 25.000 €) und hoher persönlicher Nähe. Die Programme werden teilweise über das Bundesministerium für Arbeit und Soziales oder über EU-Strukturfonds refinanziert.

Crowdfunding ermöglicht die Kapitalbeschaffung über viele Einzelinvestoren auf digitalen Plattformen. Die rechtliche Grundlage findet sich im Vermögensanlagengesetz (VermAnlG), im Kreditwesengesetz (KWG) sowie in der EU-Verordnung über European Crowdfunding Service Providers (ECSP-Verordnung).

Zu unterscheiden sind Spenden-, Vorverkaufs-, Kredit- und Beteiligungsmodelle. Für Start-ups ist vor allem das Crowdinvesting (gegen Beteiligung) interessant. Die Erfolgsquote hängt maßgeblich von der medialen Darstellung und Zielgruppenausrichtung ab.

6.5 Probleme bei Bonitätsprüfung und Alternativen für Neuzuwanderer

Ausländische Gründer sehen sich häufig mit erschwerten Bedingungen bei der Bonitätsprüfung konfrontiert. Inländische Banken und Förderinstitute stützen ihre Bewertung maßgeblich auf Bonitätsdaten (z. B. Schufa, Creditreform), deutsche Einkommenshistorien oder steuerliche Vorjahresergebnisse – all das fehlt Neuzuwanderern in der Regel.

Alternativen bestehen in der privaten Kapitalzufuhr, Beteiligungen durch Partner oder durch sogenannte „Friends and Family"-Modelle. Eine transparente Offenlegung der Mittelherkunft ist jedoch unabdingbar, um Geldwäscheverdachtsmomente zu vermeiden (§§ 10, 11 GwG).

Hilfreich kann auch die Zusammenarbeit mit Gründerzentren, Wirtschaftsfördergesellschaften oder Mentorenprogrammen sein, die über lokale Netzwerke verfügen und bei der Ansprache von Förderinstitutionen unterstützen. In Einzelfällen übernehmen auch Kammern oder Migrantenorganisationen eine intermediäre Rolle.

6.6 Übersicht

Neben bundesweiten Förderangeboten wie der KfW und dem EXIST-Programm existieren zahlreiche landesspezifische Förderprogramme, die regional auf Gründerbedarfe abgestimmt sind. In Bayern unterstützt das Programm

„Start?Zuschuss!" technologieorientierte Start-ups mit bis
zu 36.000 Euro. Nordrhein-Westfalen bietet mit
„NRW.Start-up Transfer" bis zu 240.000 Euro für Hoch-
schulausgründungen. In Baden-Württemberg steht Gründern mit Beratungsbedarf das EXI-Programm mit bis zu
5.000 Euro zur Verfügung. Berlin fördert mit dem „Grün-
derBONUS" innovative Vorhaben mit bis zu 50.000 Euro,
während Sachsen mit dem „InnoStartBonus" gezielt Gründer unter 40 Jahren mit einem Förderbetrag von bis zu
25.000 Euro anspricht. Diese Programme sind in der Regel
mit spezifischen Antragsverfahren, Nachweisen und Zeit-
räumen verbunden und sollten frühzeitig in die Finanzplanung integriert werden.

Auch im Bereich der Beratungsförderung bestehen unterschiedliche Programme, die zum Teil bundesweit, zum Teil
landesspezifisch greifen. Das BAFA-Förderprogramm
übernimmt bis zu 80 Prozent der Kosten für externe Beratung durch zertifizierte Fachleute. Das EXI-Programm
fördert ausschließlich in Baden-Württemberg Beratungsleistungen mit bis zu 5.000 Euro. Das Gründercoaching
Deutschland (vormals KfW) stellt bis zu 4.000 Euro für
Beratung zur Verfügung. Das „IQ Netzwerk" bietet kos-
tenfreie Beratungsangebote für Menschen mit Migrationshintergrund. Das Programm „INVEST" fördert Beteiligungen an Start-ups mit 20 Prozent Zuschuss, sofern das
Unternehmen in der BAFA-Liste für förderfähige Vorhaben geführt ist. Diese Instrumente dienen nicht nur der

Qualitätssicherung, sondern entlasten auch finanziell in der besonders anspruchsvollen Gründungsphase.

Kapitel 7: Arbeitsrechtliche und sozialversicherungsrechtliche Aspekte

Die Beschäftigung von Personal ist für viele Unternehmensgründungen in Deutschland von zentraler Bedeutung. Damit verbunden sind vielfältige arbeits- und sozialversicherungsrechtliche Pflichten, deren Nichtbeachtung nicht nur rechtliche Konsequenzen, sondern auch wirtschaftliche Risiken nach sich ziehen kann. Für ausländische Gründer besteht hier oft ein erheblicher Informations- und Handlungsbedarf, da das deutsche System auf einem komplexen Zusammenspiel gesetzlicher, tariflicher und sozialrechtlicher Vorschriften beruht. Dieses Kapitel beleuchtet die Grundlagen des deutschen Arbeitsrechts, die Voraussetzungen zur Einstellung von Mitarbeitern, die relevanten Pflichten gegenüber den Sozialversicherungsträgern sowie spezifische Regelungen für die Beschäftigung ausländischer Arbeitskräfte.

7.1 Grundlagen des deutschen Arbeitsrechts

Das deutsche Arbeitsrecht ist überwiegend durch gesetzliche Regelungen geprägt, insbesondere durch das Bürgerliche Gesetzbuch (BGB), das Kündigungsschutzgesetz (KSchG), das Arbeitszeitgesetz (ArbZG), das Bundesurlaubsgesetz (BUrlG), das Teilzeit- und Befristungsgesetz (TzBfG) sowie durch umfangreiche europarechtliche

Vorgaben. Zusätzlich wirken tarifvertragliche Normen und betriebliche Übung.

Ein Arbeitsverhältnis wird durch den Abschluss eines Arbeitsvertrages begründet (§§ 611a ff. BGB). Dieser kann mündlich oder schriftlich erfolgen, wobei nach dem Nachweisgesetz (NachwG) bestimmte Mindestinhalte schriftlich festzuhalten sind, etwa Beginn des Arbeitsverhältnisses, Tätigkeitsbeschreibung, Vergütung, Arbeitszeit, Urlaub, Kündigungsfristen und Hinweise auf geltende Tarifverträge.

Ein zentrales Prinzip ist der Arbeitnehmerschutz, der u. a. durch Vorschriften zum Mindestlohn (§ 1 MiLoG), zur Arbeitszeit (§§ 3–16 ArbZG), zur Entgeltfortzahlung im Krankheitsfall (§ 3 EntgFG), zum Mutterschutz (§§ 3–17 MuSchG) und zur Elternzeit (§§ 15–21 BEEG) gewährleistet wird. Abweichungen zuungunsten des Arbeitnehmers sind regelmäßig unwirksam (§ 134 BGB, § 307 BGB bei AGB-Kontrolle).

7.1.1 Arbeitsverträge und Probezeit

Arbeitsverträge unterliegen dem Grundsatz der Vertragsfreiheit, dürfen jedoch nicht gegen zwingendes Recht verstoßen. Befristete Verträge sind nach dem Teilzeit- und Befristungsgesetz nur unter bestimmten Voraussetzungen zulässig (§ 14 TzBfG). Eine sachgrundlose Befristung ist höchstens für zwei Jahre erlaubt; innerhalb dieses Zeitraums sind maximal drei Verlängerungen zulässig (§ 14 Abs. 2 TzBfG).

Eine Probezeit kann vereinbart werden (§ 622 Abs. 3 BGB), in der die Kündigungsfrist lediglich zwei Wochen beträgt. Sie darf maximal sechs Monate betragen und dient beiden Parteien zur Erprobung des Arbeitsverhältnisses.

7.1.2 Kündigungsschutz und Urlaubsregelungen

Nach Ablauf von sechs Monaten Betriebszugehörigkeit gilt für Betriebe mit mehr als zehn Beschäftigten der allgemeine Kündigungsschutz gemäß Kündigungsschutzgesetz (§ 1 Abs. 1 und § 23 Abs. 1 KSchG). Danach ist eine Kündigung nur bei personen-, verhaltens- oder betriebsbedingten Gründen zulässig. In Kleinbetrieben besteht dieser Schutz nicht.

Der gesetzliche Mindesturlaub beträgt 24 Werktage bei einer Sechstagewoche bzw. 20 Arbeitstage bei einer Fünftagewoche (§ 3 BUrlG). Tarifverträge oder einzelvertragliche Vereinbarungen können über diese Mindestansprüche hinausgehen.

7.2 Einstellung von Mitarbeitern

Die Einstellung von Mitarbeitern erfordert zunächst die rechtssichere Gestaltung eines Arbeitsvertrags. Bei ausländischen Arbeitnehmern ist zusätzlich die aufenthaltsrechtliche Situation zu beachten. Arbeitgeber tragen die Pflicht zur Prüfung der Arbeitsberechtigung (§ 4a Abs. 5 AufenthG, § 39 Abs. 6 AufenthG) und müssen Dokumentationspflichten einhalten (§ 1 BeschV).

7.2.1 Ausländische Arbeitnehmer und ihre Aufenthaltstitel

Für Bürgerinnen und Bürger der Europäischen Union gilt gemäß Art. 45 AEUV und der Freizügigkeitsrichtlinie 2004/38/EG vollständige Arbeitnehmerfreizügigkeit. Sie dürfen ohne besondere Genehmigung in Deutschland arbeiten. Für Angehörige aus Drittstaaten ist eine Aufenthaltserlaubnis mit Arbeitserlaubnis erforderlich (§ 4a AufenthG).

Diese kann auf Grundlage des Fachkräfteeinwanderungsgesetzes (FEG) erteilt werden, das am 1. März 2020 in Kraft trat. Die wesentlichen Normen finden sich in §§ 18a–18d und § 19c AufenthG. Voraussetzung ist regelmäßig ein konkretes Arbeitsplatzangebot, eine anerkannte Qualifikation sowie – je nach Tätigkeit – ein Gehaltsniveau über der sogenannten Gehaltsgrenze zur Blauen Karte EU (§ 18b Abs. 2 AufenthG).

7.2.2 Arbeitsgenehmigung und Fachkräfteeinwanderungsgesetz

Ein Arbeitgeber, der einen Drittstaatsangehörigen einstellen will, muss bei der Bundesagentur für Arbeit (BA) die Zustimmung zur Beschäftigung einholen (§ 39 AufenthG). Die Prüfung erfolgt anhand der Vorrangprüfung (nur in wenigen Fällen noch relevant), der Arbeitsbedingungen und der Gleichwertigkeit der Qualifikation. In bestimmten Mangelberufen oder bei Hochqualifizierten kann die Zustimmung erleichtert oder entfallen (§ 42 BeschV).

Das Fachkräfteeinwanderungsgesetz erlaubt auch die Einreise zur Arbeitsplatzsuche (§ 20 AufenthG) und zur Anerkennung ausländischer Berufsabschlüsse (§ 16d AufenthG). Im Rahmen des beschleunigten Fachkräfteverfahrens (§ 81a AufenthG) kann der Arbeitgeber gemeinsam mit der Ausländerbehörde eine schnelle Erteilung des Aufenthaltstitels einleiten.

7.3 Lohnnebenkosten und Sozialversicherungspflichten

Arbeitgeber sind verpflichtet, ihre Arbeitnehmer bei den zuständigen Sozialversicherungsträgern anzumelden (§ 28a

SGB IV). Das deutsche Sozialversicherungssystem umfasst fünf Zweige:

- Krankenversicherung (§ 1 SGB V)
- Pflegeversicherung (§ 1 SGB XI)
- Rentenversicherung (§ 1 SGB VI)
- Arbeitslosenversicherung (§ 24 SGB III)
- Unfallversicherung (§ 1 SGB VII)

Die Beitragssätze werden zwischen Arbeitgeber und Arbeitnehmer grundsätzlich hälftig aufgeteilt (§ 249 SGB V, § 58 SGB VI, § 346 SGB III). Für die Unfallversicherung trägt der Arbeitgeber allein die Beiträge (§ 150 Abs. 1 SGB VII). Die Anmeldung erfolgt bei der Einzugsstelle (gesetzliche Krankenkasse des Arbeitnehmers) und ist spätestens vor Aufnahme der Tätigkeit durchzuführen (§ 28a Abs. 1 SGB IV).

Die Abführung der Beiträge erfolgt monatlich (§ 23 SGB IV), bei verspäteter Zahlung fallen Säumniszuschläge (§ 24 SGB IV) und ggf. Bußgelder (§ 111 SGB IV) an. Die korrekte Lohnabrechnung erfordert Softwarelösungen oder die Beauftragung eines Steuerberaters.

7.4 Unterschiede zwischen echten Mitarbeitern und Scheinselbstständigen

Besondere Aufmerksamkeit erfordert die Abgrenzung von sozialversicherungspflichtiger Beschäftigung und selbstständiger Tätigkeit. Sogenannte Scheinselbstständigkeit liegt vor, wenn eine formell als freiberuflich deklarierte Tätigkeit in Wahrheit alle Merkmale eines abhängigen Beschäftigungsverhältnisses erfüllt (§ 7 Abs. 1 SGB IV).

Die Kriterien ergeben sich aus der Gesamtschau, insbesondere: Eingliederung in die Arbeitsorganisation, Weisungsgebundenheit, fehlendes unternehmerisches Risiko, keine eigenen Betriebsmittel, Tätigwerden nur für einen Auftraggeber.

Wird Scheinselbstständigkeit festgestellt, drohen erhebliche Nachzahlungen (§ 28p SGB IV), Säumniszuschläge sowie straf- und bußgeldrechtliche Konsequenzen nach § 266a StGB (Vorenthalten und Veruntreuen von Arbeitsentgelt). Unternehmen können auf Antrag ein Statusfeststellungsverfahren bei der Deutschen Rentenversicherung durchführen (§ 7a SGB IV), um Rechtssicherheit zu erlangen.

7.5 Betriebsrat, Mitbestimmung und Arbeitsschutz

In Betrieben mit mindestens fünf wahlberechtigten Arbeitnehmern, von denen drei wählbar sind, kann ein

Betriebsrat gegründet werden (§ 1 BetrVG). Der Betriebsrat hat Mitbestimmungsrechte bei sozialen, personellen und wirtschaftlichen Angelegenheiten (§§ 87–112 BetrVG). Für ausländische Arbeitgeber bedeutet dies, dass interne Unternehmensentscheidungen gegebenenfalls mit dem Gremium abgestimmt werden müssen.

Arbeitgeber unterliegen umfangreichen Pflichten zur Gewährleistung des Arbeitsschutzes (§§ 3–5 Arbeitsschutzgesetz – ArbSchG). Dazu zählen Gefährdungsbeurteilungen (§ 5 ArbSchG), Unterweisungen (§ 12 ArbSchG), Einrichtung von Arbeitsstätten gemäß Arbeitsstättenverordnung (ArbStättV) sowie ggf. Bestellung von Fachkräften für Arbeitssicherheit (§ 5 Arbeitssicherheitsgesetz – ASiG).

7.6 Übersicht

In Deutschland besteht Sozialversicherungspflicht für alle abhängig Beschäftigten und für bestimmte selbstständig Tätige. Die Beiträge zur gesetzlichen Krankenversicherung betragen 14,6 Prozent plus Zusatzbeitrag, geteilt zwischen Arbeitgeber und Arbeitnehmer. Die Pflegeversicherung liegt bei 3,4 Prozent (ebenfalls hälftig). Die gesetzliche Rentenversicherung erfordert einen Beitrag von 18,6 Prozent, der ebenfalls paritätisch getragen wird. Für die Arbeitslosenversicherung beträgt der Beitragssatz rund 2,6 Prozent. Die gesetzliche Unfallversicherung ist ausschließlich vom Arbeitgeber zu zahlen und variiert je nach Branche.

Zuständig für die Erhebung und Verwaltung der Beiträge sind die Krankenkassen, Pflegekassen, die Deutsche Rentenversicherung, die Bundesagentur für Arbeit und die jeweils zuständige Berufsgenossenschaft.

Kapitel 8: Interkulturelle Integration und Marktpositionierung

Für ausländische Gründer reicht es nicht aus, ein rechtlich formal korrektes Unternehmen in Deutschland zu errichten. Der langfristige wirtschaftliche Erfolg hängt entscheidend davon ab, wie gut es gelingt, das Unternehmen in die gesellschaftlichen, kulturellen und wirtschaftlichen Strukturen vor Ort zu integrieren. Interkulturelle Kompetenzen, soziale Netzwerke, sprachliche Fähigkeiten und das Verständnis für die Erwartungen deutscher Kunden und Institutionen sind zentrale Erfolgsfaktoren. Dieses Kapitel beleuchtet die Herausforderungen, Chancen und Anforderungen interkultureller Integration sowie die strategische Marktpositionierung im deutschen Umfeld.

8.1 Erwartungen deutscher Kunden und Geschäftspartner

Deutsche Kunden und Geschäftspartner legen in der Regel großen Wert auf Professionalität, Zuverlässigkeit, Termintreue, rechtliche Korrektheit und sachliche Kommunikation. Der persönliche Umgang ist häufig von Zurückhaltung und einem funktionalen Rollenverständnis geprägt. Emotionale oder informelle Formen der Interaktion, wie sie in vielen außereuropäischen Kulturen üblich sind, werden im deutschen Geschäftsalltag seltener praktiziert und sollten mit Fingerspitzengefühl eingesetzt werden.

Verbindliche Absprachen, schriftliche Angebote, transparente Preismodelle und eine professionelle Präsentation – etwa durch eine mehrsprachige Website mit Impressum nach § 5 TMG (Telemediengesetz) – gelten als Voraussetzung für Geschäftsanbahnung. Unvollständige Informationen, mangelnde Erreichbarkeit oder unklare Geschäftsstrukturen können bereits in der Anfangsphase zu einem Vertrauensverlust führen.

Für ausländische Gründer ist es daher ratsam, sich über branchenspezifische Kundenerwartungen zu informieren, etwa durch IHK-Leitfäden, Kundenbefragungen, Fachmessen oder Branchennetzwerke.

8.2 Kommunikationsstil und Unternehmenskultur

Der deutsche Kommunikationsstil gilt im internationalen Vergleich als direkt, präzise und sachlich. Während in vielen Ländern indirekte oder kontextbezogene Kommunikation üblich ist, bevorzugt man in Deutschland klare Aussagen, explizite Zielvereinbarungen und strukturierte Abläufe.

Hierarchien sind oft weniger ausgeprägt als in anderen Kulturen, dennoch wird Fachkompetenz stark gewichtet. Die Unternehmenskultur vieler deutscher Firmen ist geprägt durch Regeln, Qualitätsnormen und die Orientierung an dokumentierten Prozessen. Dies zeigt sich etwa in der ISO-

Zertifizierung, in Qualitätssicherungsverfahren oder im Einsatz von ERP-Systemen.

Für ausländische Gründer bedeutet dies, dass ihre eigene Führungskultur und Teamstruktur in Einklang mit den Erwartungen des deutschen Marktes gebracht werden sollten. Interne Prozesse sollten dokumentiert, Verantwortlichkeiten klar zugeordnet und Entscheidungen nachvollziehbar begründet sein. In der Kommunikation mit Behörden, Kunden und Mitarbeitern ist eine sachliche, gut vorbereitete Ausdrucksweise vorteilhaft.

8.3 Aufbau von Netzwerken und strategischen Partnerschaften

In Deutschland sind Netzwerke ein entscheidender Baustein unternehmerischen Erfolgs. Diese Netzwerke umfassen formelle Organisationen wie die Industrie- und Handelskammern (IHK), Handwerkskammern (HWK), Wirtschaftsfördergesellschaften, Gründungszentren und Branchenverbände, aber auch informelle Netzwerke wie Gründerstammtische, Branchenevents oder Mentorenprogramme.

Für ausländische Gründer empfiehlt es sich, frühzeitig Mitgliedschaften aufzunehmen, an lokalen Veranstaltungen teilzunehmen und gezielt Kontakte zu relevanten Akteuren zu suchen. Besonders wertvoll sind institutionelle Ansprechpartner wie Welcome-Center,

Integrationsbeauftragte oder kommunale Wirtschaftsförderer, die speziell für internationale Gründer eingerichtet wurden.

Darüber hinaus bestehen zahlreiche Initiativen zur Förderung migrantischer Ökonomie, etwa die IQ-Netzwerke des Bundesministeriums für Arbeit und Soziales (§ 45c SGB III), das Programm „Unternehmen integrieren Flüchtlinge" oder Stiftungsprojekte wie die „Charta der Vielfalt".

8.4 Umgang mit Behörden und Verwaltungsverfahren

Das Verhältnis zwischen Unternehmer und Verwaltung in Deutschland ist durch rechtliche Formalität, Aktenorientierung und Fristentreue geprägt. Entscheidungen erfolgen auf Grundlage schriftlicher Anträge, die mit vollständigen Unterlagen und ggf. beglaubigten Übersetzungen versehen sein müssen.

Fehlende Nachweise oder formale Unvollständigkeit führen regelmäßig zu Verzögerungen oder Ablehnungen. Es gibt nur in wenigen Fällen ermessensbasierte Lösungen oder mündliche Ausnahmen. Verwaltungsakte müssen gemäß § 37 VwVfG (Verwaltungsverfahrensgesetz) begründet und schriftlich erlassen sein. Rechtsbehelfsfristen nach §§ 68 ff. VwGO (Verwaltungsgerichtsordnung) sind unbedingt zu beachten.

Für ausländische Gründer ist es hilfreich, sich frühzeitig mit den Abläufen vertraut zu machen und entweder selbst ausreichend Deutschkenntnisse zu erwerben oder qualifizierte Vermittler wie Dolmetscher, Berater oder Kammermitarbeiter einzuschalten.

8.5 Rolle der Sprache: Deutschkenntnisse und Übersetzungsdienste

Obwohl Englisch in bestimmten Branchen – etwa in der IT, im Handel oder in wissenschaftlichen Einrichtungen – weit verbreitet ist, bleibt die deutsche Sprache das zentrale Medium der Verwaltung, Rechtsprechung und Vertragsgestaltung. Nach § 184 GVG (Gerichtsverfassungsgesetz) ist die Gerichtssprache deutsch. Auch Behördenakte, Formulare und Antragsverfahren erfolgen in aller Regel ausschließlich auf Deutsch.

Für langfristig erfolgreiche Integration empfiehlt sich daher der Erwerb ausreichender Sprachkenntnisse. Deutschkurse werden von Volkshochschulen, Sprachschulen und Integrationsprojekten angeboten (§ 44 AufenthG).

Besonders wichtig sind Deutschkenntnisse in der Kundenkommunikation, bei Vertragsverhandlungen, Mitarbeiterführung und Medienarbeit. Bei mangelnden Sprachkenntnissen sollten professionelle Übersetzer (§ 189 GVG) oder öffentlich bestellte Dolmetscher eingesetzt werden, insbesondere bei rechtlichen und steuerlichen Fragestellungen.

8.6 Diskriminierungsschutz und Gleichstellungsfragen

Das deutsche Arbeits- und Gesellschaftsrecht enthält zahlreiche Regelungen zum Schutz vor Diskriminierung. Das Allgemeine Gleichbehandlungsgesetz (AGG) schützt vor Benachteiligung aufgrund von Rasse, ethnischer Herkunft, Geschlecht, Religion, Weltanschauung, Behinderung, Alter oder sexueller Identität (§ 1 AGG).

Unternehmer sind verpflichtet, bei der Auswahl und Behandlung von Mitarbeitern sowie im Kundenkontakt Diskriminierungen zu vermeiden (§§ 6–10 AGG). Bei Verstößen drohen Schadensersatzpflichten (§ 15 AGG) und arbeitsgerichtliche Verfahren.

Für ausländische Unternehmer ist es besonders wichtig, ihre eigenen kulturellen Normen und Vorstellungen im Einklang mit den Grundwerten des Grundgesetzes (Art. 1–3 GG) und den Normen des AGG zu reflektieren. Auch im Marketing, bei Preisgestaltung oder Zugang zu Dienstleistungen dürfen keine unzulässigen Ungleichbehandlungen erfolgen (§ 19 AGG).

8.7 Teilnahme an lokalen Wirtschafts- und Gründerinitiativen

Die Bundesländer, Kommunen und Kammern bieten eine Vielzahl von Programmen, Wettbewerben, Mentoring-

Initiativen und Förderprojekten zur Unterstützung von Gründerinnen und Gründern – auch mit internationalem Hintergrund.

Beispiele sind: „Start-Up Your Future" (für Geflüchtete), die „Gründerwoche Deutschland" (BMWK), das Berliner Projekt „StartHope@Home", das „IQ Netzwerk" sowie lokale Wettbewerbe wie „Hessischer Gründerpreis" oder „Deutscher Integrationspreis".

Ziel ist nicht nur die wirtschaftliche Förderung, sondern auch die strukturelle Integration, interkulturelle Kompetenzentwicklung und unternehmerische Sichtbarkeit. Die Teilnahme an solchen Initiativen eröffnet Zugang zu Beratung, Finanzierung, Öffentlichkeit und strategischen Allianzen.

8.8 Übersicht

Bei der Wahl eines Standorts und bei der Eröffnung eines Geschäftskontos sollten Gründer die regionalen Unterschiede in der Beitragsstruktur der Industrie- und Handelskammern (IHK) und der Handwerkskammern (HWK) berücksichtigen. In Berlin liegt der IHK-Grundbeitrag je nach Unternehmensgröße zwischen 50 und 300 Euro jährlich. In München beläuft sich dieser auf 80 bis 350 Euro, in Frankfurt am Main auf 60 bis 320 Euro. Die HWK Köln erhebt einen Grundbeitrag zwischen 100 und 450 Euro, die

HWK Dresden zwischen 50 und 280 Euro. Zusätzlich zum Grundbeitrag erheben die Kammern einen Zusatzbeitrag, der sich in der Regel auf 0,2 bis 0,6 Prozent des steuerpflichtigen Gewinns beläuft. Diese Kosten sollten bei der Planung der laufenden Betriebsausgaben einkalkuliert werden.

Kapitel 9: Branchenspezifische Besonderheiten

Obwohl die allgemeinen Voraussetzungen der Unternehmensgründung für alle Branchen einheitlich geregelt sind, bestehen in vielen Bereichen branchenspezifische Sonderregelungen, Genehmigungspflichten oder berufsrechtliche Voraussetzungen, die bei der Planung und Durchführung einer Gründung zwingend zu beachten sind. Diese betreffen sowohl den Zugang zum Markt als auch die Ausgestaltung des laufenden Geschäftsbetriebs. Für ausländische Gründer kann es hierbei zu zusätzlichen Herausforderungen kommen, etwa aufgrund notwendiger Anerkennungsverfahren ausländischer Qualifikationen, sprachlicher Anforderungen oder erhöhter Prüfintensität durch die Behörden. Dieses Kapitel stellt die wichtigsten branchenspezifischen Besonderheiten dar.

9.1 Handwerk und Meisterpflicht

Das deutsche Handwerk ist rechtlich durch die Handwerksordnung (HwO) geregelt. Besonders relevant ist die Anlage A zur HwO, in der zulassungspflichtige Handwerke aufgeführt sind. Dazu gehören u. a. das Elektrohandwerk, Maurerarbeiten, Tischlerei, Friseurhandwerk und Kfz-Technik.

Wer ein zulassungspflichtiges Handwerk selbstständig betreiben möchte, muss gemäß § 1 HwO in die

Handwerksrolle eingetragen sein. Voraussetzung für die Eintragung ist in der Regel die Meisterprüfung in dem entsprechenden Handwerk (§ 7 Abs. 1 HwO). Alternativ ist eine Eintragung möglich bei Vorlage einer gleichwertigen ausländischen Qualifikation (§ 9 HwO) oder bei Beschäftigung eines technischen Betriebsleiters, der über die Meisterqualifikation verfügt (§ 7 Abs. 2 HwO).

Zulassungsfreie Handwerke (Anlage B1) und handwerksähnliche Gewerbe (Anlage B2) unterliegen keiner Meisterpflicht, sind jedoch ebenfalls bei der zuständigen Handwerkskammer zu registrieren (§ 18 HwO).

Für ausländische Gründer aus Drittstaaten ist vor der Gründung zwingend zu prüfen, ob die ausländische Qualifikation anerkannt wird (§§ 50 ff. Berufsqualifikationsfeststellungsgesetz – BQFG). Die Anerkennung erfolgt durch die Handwerkskammern oder entsprechende Fachstellen und kann mit Auflagen oder Anpassungsqualifikationen verbunden sein.

9.2 Gastronomie und Lebensmittelgewerbe

Gastronomiebetriebe und Lebensmittelverarbeiter unterliegen in Deutschland einer Vielzahl gesetzlicher Regelungen, insbesondere dem Gaststättengesetz (GastG), dem Lebensmittel- und Futtermittelgesetzbuch (LFGB), der Lebensmittelhygiene-Verordnung (LMHV), der

Gewerbeordnung (GewO) sowie regionalen Hygiene- und Baurechtsvorgaben.

Gemäß § 2 GastG bedarf der Betrieb einer Gaststätte, in der alkoholische Getränke ausgeschenkt werden, einer behördlichen Erlaubnis (Gaststättenerlaubnis). Für die Erteilung sind neben der Zuverlässigkeit (§ 4 Abs. 1 Nr. 1 GastG) ein Unterrichtungsnachweis der Industrie- und Handelskammer (§ 4 Abs. 1 Nr. 4 GastG), ein Gesundheitszeugnis (§ 43 IfSG), ein aktuelles polizeiliches Führungszeugnis sowie ein Auszug aus dem Gewerbezentralregister erforderlich.

Für Betriebe, die Lebensmittel herstellen, verarbeiten oder in Verkehr bringen, gilt die Verpflichtung zur Einhaltung von Hygienevorgaben gemäß LMHV und VO (EG) Nr. 852/2004. Unternehmer müssen ein Eigenkontrollsystem gemäß HACCP-Grundsätzen einrichten (Art. 5 der Verordnung).

Bei Tätigkeiten mit offenen Lebensmitteln ist vor Aufnahme der Tätigkeit eine Erstbelehrung nach § 43 Infektionsschutzgesetz (IfSG) durch das Gesundheitsamt erforderlich. Verstöße gegen Hygienevorgaben oder Kennzeichnungspflichten können Bußgelder (§ 60 LFGB), Betriebsstilllegungen (§ 39 LFGB) oder strafrechtliche Konsequenzen nach sich ziehen (§ 58 LFGB).

9.3 Freie Berufe: Status, Anerkennung und Kammerpflicht

Freie Berufe unterliegen nicht der Gewerbeordnung, sondern einem eigenen rechtlichen Status. Gemäß § 18 Abs. 1 Nr. 1 EStG gehören dazu unter anderem selbstständig tätige Ärzte, Apotheker, Rechtsanwälte, Steuerberater, Architekten, Ingenieure, Dolmetscher und wissenschaftliche Berater.

Ob eine Tätigkeit als freier Beruf oder gewerbliches Unternehmen einzuordnen ist, entscheidet im Einzelfall das Finanzamt nach Prüfung der Tätigkeit, Qualifikation und Selbstständigkeit. Die Einstufung beeinflusst insbesondere die Gewerbesteuerpflicht (§ 2 GewStG) und die Kammerzugehörigkeit.

Für viele Freie Berufe gilt eine gesetzliche Pflicht zur Mitgliedschaft in einer berufsständischen Kammer, z. B.:

- Ärzte: Landesärztekammer (§ 1 Heilberufsgesetz des jeweiligen Bundeslandes)

- Steuerberater: Steuerberaterkammer (§ 76 StBerG)

- Rechtsanwälte: Rechtsanwaltskammer (§ 60 BRAO)

- Architekten: Architektenkammer (§ 17 Architektengesetz des Landes)

Ausländische Qualifikationen werden nach dem jeweiligen Berufszulassungsgesetz geprüft, wobei EU-Bürger sich auf die Richtlinie 2005/36/EG berufen können. Drittstaatsangehörige benötigen häufig eine individuelle Gleichwertigkeitsprüfung (§§ 10 ff. BQFG), gegebenenfalls mit Anpassungslehrgang oder Eignungsprüfung.

9.4 Start-ups im digitalen und technologischen Bereich

Start-ups im IT-, Software- und Technologiebereich profitieren in Deutschland von einer vergleichsweise liberalen Regulierung. Eine Gewerbeanmeldung genügt in der Regel, spezifische Erlaubnispflichten bestehen nur in Einzelfällen, etwa bei Finanztechnologieanwendungen (FinTechs), Gesundheitsdaten oder Plattformen mit besonders hohem Verbraucherschutzbezug.

Rechtlich relevant sind hier insbesondere das Telemediengesetz (TMG), die Datenschutz-Grundverordnung (DSGVO), das Urheberrechtsgesetz (UrhG), das MarkenG, das Patentgesetz (PatG) sowie je nach Modell auch das Kreditwesengesetz (KWG), das Zahlungsdiensteaufsichtsgesetz (ZAG) oder das Telekommunikationsgesetz (TKG).

Innovative Unternehmen können Förderprogramme wie EXIST, das Zentrale Innovationsprogramm Mittelstand (ZIM), die High-Tech Gründerfonds oder das Go-digital-

Programm in Anspruch nehmen. Auch steuerliche F&E-Förderung ist über die Forschungszulage (§§ 1–12 FZulG) möglich.

9.5 Heil- und Pflegeberufe

Gesundheits- und Pflegeberufe unterliegen einer strengen Berufsregulierung. Dazu zählen u. a. Ärzte, Zahnärzte, Psychotherapeuten, Hebammen, Pflegefachkräfte, Physiotherapeuten und Apotheker. Grundlage sind bundesrechtliche Vorschriften wie die Bundesärzteordnung (BÄO), das Pflegeberufegesetz (PflBG), das Heilpraktikergesetz (HeilprG), das Apothekengesetz (ApoG) sowie länderspezifische Ausführungsvorschriften.

Für die selbstständige Ausübung eines reglementierten Gesundheitsberufs ist in Deutschland zwingend eine Approbation oder eine gleichwertige staatliche Anerkennung erforderlich (§ 3 BÄO, § 2 PflBG, § 1 HeilprG). Diese wird nur bei entsprechender Qualifikation, Sprachkenntnissen (in der Regel B2-Niveau Deutsch, Fachsprachprüfung C1) und gesundheitlicher Eignung erteilt. Zuständig sind Landesprüfungsämter und Bezirksregierungen.

Für Heilpraktiker gilt eine besondere Erlaubnispflicht nach § 1 HeilprG, die nur nach Bestehen einer staatlichen Prüfung beim Gesundheitsamt erteilt wird. Die Werbung und

Tätigkeit sind stark eingeschränkt (§ 3 HWG, § 5 UWG, Rechtsprechung zur Irreführung im Gesundheitsbereich).

9.6 Handel, E-Commerce und Fernabsatzrecht

Handelsunternehmen – ob stationär oder online – benötigen eine Gewerbeanmeldung (§ 14 GewO) und unterliegen bei verbrauchergerichteten Angeboten zahlreichen zivil- und öffentlich-rechtlichen Pflichten.

Für den Online-Handel gelten neben der Gewerbeordnung insbesondere das Bürgerliche Gesetzbuch (BGB), das Telemediengesetz (TMG), das Produktsicherheitsgesetz (ProdSG), das Verpackungsgesetz (VerpackG), die DSGVO sowie verschiedene EU-Richtlinien zur Verbraucherinformation.

Zu beachten sind vor allem:

- Impressumspflicht (§ 5 TMG)

- Widerrufsrecht (§§ 355 ff. BGB)

- Informationspflichten nach Art. 246a EGBGB

- Preisangabenverordnung (PAngV)

- Produktkennzeichnung und CE-Kennzeichnung (§ 6 ProdSG)

Bei Verstoß gegen Verbraucherschutzvorgaben drohen Abmahnungen durch Wettbewerbsverbände (§ 8 UWG) sowie Bußgelder durch Aufsichtsbehörden. Versandhandel mit Lebensmitteln oder Medizinprodukten bedarf zusätzlicher Genehmigungen (LFGB, MPG). Auch die Registrierung bei der Stiftung Zentrale Stelle Verpackungsregister (LUCID) ist verpflichtend (§ 9 VerpackG).

9.7 Übersicht

Unterschiedliche Exitstrategien bringen jeweils spezifische rechtliche und steuerliche Folgen mit sich. Ein Unternehmensverkauf ist nach den Vorschriften der §§ 433 ff. BGB durchzuführen; der erzielte Veräußerungsgewinn unterliegt der Einkommensteuer gemäß § 16 EStG und kann unter bestimmten Bedingungen steuerlich begünstigt behandelt werden. Die Liquidation einer GmbH richtet sich nach §§ 60–74 GmbHG und erfordert ein Sperrjahr, währenddessen Gläubiger ihre Ansprüche anmelden können. Der daraus resultierende Liquidationserlös unterliegt der Körperschaftsteuer (§ 11 KStG). Wird das Unternehmen im Wege einer familieninternen Nachfolge übertragen, kommen die Vorschriften der Erbfolge (§§ 1922 ff. BGB) oder Schenkung zur Anwendung; dabei können Erbschaft- oder Schenkungsteuerpflichten entstehen. Beim Management-Buy-Out sind insbesondere gesellschaftsrechtliche Regelungen zu beachten, wobei die daraus resultierenden Gewinne teilweise nach dem Teileinkünfteverfahren besteuert werden. Erfolgt ein vollständiger Wegzug ins Ausland, greift § 6 des Außensteuergesetzes (AStG), der die Besteuerung stiller Reserven vorsieht, wenn bestimmte Beteiligungsschwellen überschritten werden. Die steuerliche Relevanz ergibt sich regelmäßig mit dem Tag der Abmeldung und muss mindestens drei Monate vor dem Wegzug angezeigt werden.

Kapitel 10: Unternehmensführung, Haftung und Compliance

Die Gründung eines Unternehmens bildet nur den Anfang eines langfristigen unternehmerischen Engagements. Die tägliche Unternehmensführung verlangt rechtssicheres Handeln, strategische Planung, gute interne Organisation und ein wachsames Risikomanagement. Unternehmerinnen und Unternehmer – insbesondere aus dem Ausland – sehen sich dabei mit der Notwendigkeit konfrontiert, nicht nur ökonomisch erfolgreich, sondern auch rechtlich regelkonform zu agieren. Insbesondere in einer hochregulierten Volkswirtschaft wie Deutschland ist „Compliance" nicht nur eine Modeerscheinung, sondern eine rechtliche Verpflichtung. Dieses Kapitel behandelt zentrale Themen der operativen Führung, der rechtlichen Verantwortung, der Haftung und der organisatorischen Umsetzung gesetzlicher Anforderungen.

10.1 Unternehmerische Verantwortung und Rechtskonformität

Der Begriff der unternehmerischen Verantwortung umfasst sowohl die rechtliche Verantwortung gegenüber staatlichen Institutionen (Steuerbehörden, Sozialversicherungsträger, Gewerbeaufsicht) als auch die zivilrechtliche Verantwortung gegenüber Kunden, Geschäftspartnern und Mitarbeitern sowie die strafrechtliche Verantwortung bei

Ordnungswidrigkeiten oder Straftaten im geschäftlichen Kontext.

Die Geschäftsführung ist das zentrale Organ der operativen Leitung, bei Kapitalgesellschaften geregelt in §§ 35 ff. GmbHG (für die GmbH und UG) bzw. §§ 76 ff. AktG (für die AG). Die Geschäftsführung hat die Pflicht zur ordnungsgemäßen Leitung der Gesellschaft und zur Beachtung der Gesetze („Legalitätspflicht"), wie sie insbesondere in § 43 Abs. 1 GmbHG und § 93 Abs. 1 AktG normiert ist. Verletzt die Geschäftsleitung diese Pflicht, haftet sie persönlich für Schäden (§ 43 Abs. 2 GmbHG; § 93 Abs. 2 AktG). Dies betrifft insbesondere Verstöße gegen Steuerrecht, Umweltrecht, Sozialversicherungsrecht, Wettbewerbsrecht und Produktsicherheit. Ausländische Gründer, die sich der Tragweite ihrer Funktion nicht bewusst sind, können erhebliche Risiken eingehen – auch bei rein formaler Beteiligung ohne tatsächliche Leitung.

10.2 Haftungsfragen nach Gesellschaftsform

Die zivilrechtliche Haftung unterscheidet sich je nach Rechtsform erheblich:

- Einzelunternehmer haften mit ihrem gesamten privaten und betrieblichen Vermögen (§§ 249 ff. BGB).

- Gesellschafter einer GbR oder OHG haften gesamtschuldnerisch und unbeschränkt (§§ 421, 427 BGB; § 128 HGB).

- Kommanditisten einer KG haften beschränkt auf die Hafteinlage (§ 171 HGB), jedoch bei nicht oder nur teilweise geleisteter Einlage auch mit dem Privatvermögen.

- GmbH und UG haften ausschließlich mit dem Gesellschaftsvermögen (§ 13 Abs. 2 GmbHG); eine persönliche Haftung der Gesellschafter besteht grundsätzlich nicht – mit Ausnahmen bei Sorgfaltspflichtverletzungen durch Geschäftsführer (§ 43 Abs. 2 GmbHG), Zahlungen bei Zahlungsunfähigkeit (§ 64 GmbHG a.f. / § 15b InsO), Verletzung der Kapitalerhaltungspflicht (§ 30 GmbHG) und bei existenzvernichtendem Eingriff (§ 826 BGB analog).

- Für die AG gelten strenge haftungsrechtliche Maßstäbe (§ 93 AktG) und ein umfassendes Kontrollsystem durch den Aufsichtsrat (§§ 95 ff. AktG).

In steuerrechtlicher Hinsicht haften Geschäftsführer und gesetzliche Vertreter bei Pflichtverletzungen persönlich (§§ 69, 34 AO). Dies betrifft insbesondere die Nichtabführung von Umsatzsteuer, Lohnsteuer oder Sozialversicherungsbeiträgen. Hierbei drohen nicht nur zivilrechtliche Folgen, sondern auch strafrechtliche Konsequenzen (§§ 370 ff. AO; § 266a StGB).

10.3 Vertragsgestaltung und AGB-Recht

Eine rechtssichere Vertragsgestaltung ist Grundvoraussetzung professioneller Geschäftstätigkeit. Zu unterscheiden sind Individualverträge (§§ 305 BGB) und Allgemeine Geschäftsbedingungen (AGB), die für eine Vielzahl von Verträgen vorformuliert wurden (§ 305 Abs. 1 Satz 1 BGB). AGB müssen transparent sein (§ 307 BGB) und dürfen keine unangemessene Benachteiligung des Vertragspartners beinhalten.

Typische unzulässige Klauseln betreffen Haftungsausschlüsse, Vertragsstrafen, Rücktrittsrechte oder Gerichtsstandvereinbarungen. Die Einbeziehung von AGB setzt voraus, dass der Kunde bei Vertragsschluss von ihnen Kenntnis nehmen konnte (§ 305 Abs. 2 BGB), was z. B. durch ausdrückliche Hinweise auf Angeboten oder Online-Seiten geschehen muss.

Internationale Verträge sollten zusätzlich durch eine Gerichtsstands- und Rechtswahlklausel ergänzt werden (Art. 25 EuGVVO, Art. 3 Rom I-VO). Ohne solche Klauseln droht eine ungewollte Zuständigkeit ausländischer Gerichte oder eine Anwendung fremden Rechts.

10.4 Datenschutz-Grundverordnung (DSGVO)

Seit dem 25. Mai 2018 ist die Europäische Datenschutz-Grundverordnung (Verordnung (EU) 2016/679 – DSGVO) in allen Mitgliedstaaten verbindlich anwendbar. Sie regelt die Erhebung, Speicherung, Verarbeitung und Nutzung personenbezogener Daten durch Unternehmen. Ergänzend gilt das deutsche Bundesdatenschutzgesetz (BDSG-neu).

Unternehmen sind gemäß Art. 5 DSGVO verpflichtet, personenbezogene Daten rechtmäßig, transparent, zweckgebunden und datensparsam zu verarbeiten. Zentrale Anforderungen sind:

- die Einwilligung der betroffenen Person (Art. 6 Abs. 1 lit. a DSGVO),

- Informationspflichten (Art. 13 f. DSGVO),

- das Führen eines Verzeichnisses von Verarbeitungstätigkeiten (Art. 30 DSGVO),

- technische und organisatorische Maßnahmen zur Datensicherheit (Art. 32 DSGVO),

- Meldung von Datenschutzverstößen (Art. 33 DSGVO).

Bei Verstößen drohen Bußgelder bis zu 20 Mio. Euro oder 4 % des weltweiten Jahresumsatzes (Art. 83 DSGVO). Besonders betroffen sind Unternehmen mit Online-

Angeboten, Kundenportalen, Newslettern oder Video-überwachung. Für ausländische Unternehmer ist die Bestellung eines Datenschutzbeauftragten nach § 38 BDSG verpflichtend, wenn regelmäßig mehr als 20 Personen mit der automatisierten Verarbeitung personenbezogener Daten betraut sind.

10.5 Bekämpfung von Geldwäsche und Transparenzregister

Das deutsche Geldwäschegesetz (GwG) verpflichtet Unternehmen, insbesondere im Bereich Handel, Dienstleistungen und Immobilien, zur Einhaltung präventiver Maßnahmen gegen Geldwäsche und Terrorismusfinanzierung (§ 2 GwG). Dazu zählen:

- Identifizierung von Vertragspartnern (§§ 10 ff. GwG),

- Prüfung der wirtschaftlich Berechtigten (§§ 3, 11 GwG),

- Verdachtsmeldungen an die FIU (Financial Intelligence Unit, § 43 GwG),

- Aufbewahrungspflichten (§ 8 GwG),

- interne Sicherungsmaßnahmen (§§ 4 ff. GwG).

Bestimmte Rechtsformen (z. B. GmbH, UG, AG, OHG, KG) sind verpflichtet, Angaben zu wirtschaftlich

Berechtigten im Transparenzregister nach § 18 GwG zu hinterlegen. Nichtbeachtung kann zu empfindlichen Bußgeldern führen (§ 56 GwG). Die öffentliche Einsichtnahme wurde durch das Transparenzregister- und Finanzinformationsgesetz 2021 deutlich ausgeweitet.

10.6 Umweltauflagen, Produktsicherheit und Zulassungspflichten

Je nach Branche unterliegen Unternehmen umweltrechtlichen Verpflichtungen nach dem Kreislaufwirtschaftsgesetz (KrWG), dem Bundesimmissionsschutzgesetz (BImSchG), dem Verpackungsgesetz (VerpackG) oder dem Wasserhaushaltsgesetz (WHG). Beispielsweise müssen Hersteller von Elektrogeräten die Rücknahmepflicht nach dem ElektroG beachten, Händler mit Versandhandel unterliegen dem VerpackG.

Zudem gelten umfassende Anforderungen an Produktsicherheit. Nach dem Produktsicherheitsgesetz (ProdSG) dürfen nur sichere Produkte in Verkehr gebracht werden (§ 3 ProdSG). Es besteht Kennzeichnungspflicht, CE-Kennzeichnungspflicht (§ 6 ProdSG) und ggf. Pflicht zur Durchführung von Konformitätsbewertungen. Zuständig sind Marktüberwachungsbehörden und Zoll.

Im Bauwesen, in der Medizintechnik oder bei Maschinen bestehen spezielle europäische Richtlinien, etwa die Maschinenrichtlinie 2006/42/EG oder die

Bauprodukteverordnung (EU) Nr. 305/2011, die jeweils in deutsches Recht überführt wurden.

10.7 Insolvenzrecht und unternehmerische Sanierung

Kann ein Unternehmen seinen fälligen Zahlungsverpflichtungen nicht mehr nachkommen, ist bei Zahlungsunfähigkeit (§ 17 InsO) oder Überschuldung (§ 19 InsO) innerhalb von maximal sechs Wochen, spätestens aber drei Wochen nach Eintritt des Insolvenzgrundes (§ 15a InsO), Insolvenzantrag zu stellen. Die Pflicht trifft die gesetzlichen Vertreter, also Geschäftsführer oder Vorstände.

Eine verspätete Antragstellung stellt eine Insolvenzverschleppung dar (§ 15a Abs. 4 InsO), die zivilrechtliche und strafrechtliche Konsequenzen nach sich zieht (§§ 283 ff. StGB). Bei Kapitalgesellschaften haften Geschäftsführer persönlich (§ 15b InsO).

In vielen Fällen kann eine Sanierung außerhalb oder innerhalb des Insolvenzverfahrens erfolgen, etwa über einen Insolvenzplan (§§ 217 ff. InsO) oder ein Schutzschirmverfahren (§ 270b InsO). Seit 2021 ermöglicht das Unternehmensstabilisierungs- und -restrukturierungsgesetz (StaRUG) auch außergerichtliche Restrukturierungsverfahren zur frühzeitigen Abwendung der Insolvenz.

10.8 Übersicht

Die Steuerpflichten eines Unternehmens betreffen alle wesentlichen Steuerarten mit unterschiedlichen Fälligkeiten und formalen Anforderungen. Die Einkommen- und Körperschaftsteuererklärungen sind jährlich bis zum 31. Juli beim Finanzamt einzureichen – diese Frist gilt auch für die Gewerbesteuer. Die Umsatzsteuer ist abhängig vom Umsatzaufkommen monatlich oder vierteljährlich zu melden und abzuführen. Die Lohnsteuer ist stets monatlich an das Finanzamt zu entrichten. Säumnisse oder Verzögerungen können Verspätungszuschläge, Säumniszinsen oder in schweren Fällen auch Bußgelder oder steuerstrafrechtliche Konsequenzen nach sich ziehen. Die Erfüllung dieser Pflichten ist zentraler Bestandteil der unternehmerischen Legalitätsverantwortung und sollte durch ein funktionierendes internes Kontrollsystem abgesichert werden.

Kapitel 11: Exitstrategien und Unternehmensnach-folge

Jede unternehmerische Tätigkeit ist nicht nur auf den Aufbau, sondern langfristig auch auf die mögliche Übergabe, Veräußerung oder geordnete Beendigung des Unternehmens ausgerichtet. Diese Phase – oft als „Exit" bezeichnet – ist für Gründer ebenso bedeutend wie die Gründung selbst. Dabei kann es sich um einen strategischen Verkauf, eine familieninterne Nachfolge, eine Übertragung auf Mitarbeitende oder eine Liquidation handeln. Für ausländische Unternehmer in Deutschland stellen sich dabei spezifische Fragen, etwa zur steuerlichen Behandlung von Veräußerungsgewinnen, zur aufenthaltsrechtlichen Konsequenz nach Aufgabe der selbständigen Tätigkeit oder zur grenzüberschreitenden Übertragung von Vermögenswerten. Dieses Kapitel beleuchtet die wichtigsten Exitstrategien und Formen der Unternehmensnachfolge unter Berücksichtigung der einschlägigen Rechtsnormen.

11.1 Strategische Planung des Unternehmensaus-stiegs

Ein erfolgreicher Unternehmensausstieg setzt frühzeitige Planung voraus. Unternehmer sollten bereits in der Aufbauphase festlegen, unter welchen Bedingungen ein Verkauf, eine Beteiligung, ein Börsengang oder eine Übergabe erfolgen kann. In Kapitalgesellschaften ist dies oft durch

Gesellschaftsverträge und Abtretungsklauseln geregelt (§§ 15, 34 GmbHG), bei Personengesellschaften durch Nachfolgeklauseln im Gesellschaftsvertrag (§ 727 BGB, § 105 HGB).

Wichtige Entscheidungskriterien sind: die Bewertung des Unternehmens (z. B. Ertragswertmethode, DCF-Methode), steuerliche Auswirkungen, Haftungsfragen sowie die persönlichen und familiären Ziele des Unternehmers. Eine Exitstrategie sollte auch Regelungen für den Notfall (z. B. Krankheit, Tod, Insolvenz) enthalten, etwa über eine Generalvollmacht oder eine Unternehmensverfügung (§ 1896 ff. BGB).

11.2 Verkauf des Unternehmens

Der Verkauf eines Unternehmens kann als Asset Deal oder Share Deal erfolgen. Bei einem Asset Deal werden einzelne Wirtschaftsgüter (Vermögen, Kundenverträge, Betriebsmittel) übertragen; beim Share Deal hingegen die Geschäftsanteile selbst. Rechtlich ist der Asset Deal durch §§ 433 ff. BGB und bei bestimmten Betrieben durch §§ 613a BGB (Betriebsübergang) geregelt, während der Share Deal insbesondere in § 15 GmbHG (Abtretung von Anteilen) und § 17 AktG (Veräußerung von Aktien) geregelt ist.

Die notarielle Beurkundung ist bei GmbH-Anteilen zwingend vorgeschrieben (§ 15 Abs. 3 GmbHG). Der

Verkäufer haftet grundsätzlich für Gewährleistungsmängel, kann dies aber im Kaufvertrag ausschließen (§§ 434 ff. BGB), sofern kein arglistiges Verschweigen vorliegt (§ 444 BGB).

Steuerlich führt der Verkauf zu Einkünften aus Gewerbebetrieb (§ 16 EStG), sofern es sich um ein Einzelunternehmen oder eine Personengesellschaft handelt. Bei GmbH-Anteilen handelt es sich um private Veräußerungsgeschäfte (§ 17 EStG). Wird eine Beteiligung von mehr als 1 % innerhalb von fünf Jahren verkauft, unterliegt der Gewinn dem Teileinkünfteverfahren (§ 3 Nr. 40 EStG, § 3c EStG). Bei Kapitalgesellschaften ist § 8b KStG maßgeblich. Ausländische Verkäufer müssen zudem prüfen, ob nach einem Doppelbesteuerungsabkommen (DBA) eine beschränkte Steuerpflicht in Deutschland entsteht (Art. 13 OECD-MA).

11.3 Übertragung an Familienangehörige oder Nachfolger

Die familieninterne Nachfolge ist ein häufiger Fall, insbesondere bei kleinen und mittleren Unternehmen. Die Übertragung kann durch Schenkung (§§ 516 ff. BGB), Erbfolge (§§ 1922 ff. BGB) oder durch Verkauf an Familienmitglieder erfolgen. Bei Gesellschaften ist zu prüfen, ob Nachfolgeklauseln bestehen oder eine Zustimmung der Mitgesellschafter erforderlich ist (§ 15 Abs. 5 GmbHG, § 131 HGB).

Schenkungen und Erbfälle unterliegen der Erbschaft- und Schenkungsteuer (§ 1 ErbStG). Für Betriebsvermögen gelten jedoch umfangreiche Verschonungsregelungen (§§ 13a, 13b ErbStG): Bei Fortführung des Betriebs über fünf oder sieben Jahre sind bis zu 85 % oder 100 % des Unternehmenswerts steuerfrei. Voraussetzungen sind unter anderem Lohnsummenregelungen (§ 13a Abs. 3 ErbStG), Behaltensfristen und Ausschluss schädlicher Veräußerungen.

Bei der Übertragung an familienfremde Nachfolger – etwa langjährige Mitarbeitende – sollte frühzeitig ein rechtssicherer Nachfolgeplan entwickelt werden, ggf. mit Zwischenlösungen über Testamentsvollstreckung, Nießbrauchsmodelle (§ 1030 BGB) oder Geschäftsführungsregelungen.

11.4 Management-Buy-Out und Mitarbeiterbeteiligung

Beim Management-Buy-Out (MBO) übernimmt das bestehende Management das Unternehmen. Dies kann als Kreditfinanzierung (Leveraged Buy-Out), Beteiligungsmodell oder schrittweise Übertragung erfolgen. Rechtlich handelt es sich um einen Kaufvertrag mit Anteilsübertragung (§§ 433, 453, 15 GmbHG).

Ein Mitarbeiterbeteiligungsmodell kann auch als stille Beteiligung (§§ 230 ff. HGB), als partiarisches Darlehen oder über eine Mitarbeitergesellschaft ausgestaltet werden. Für Kapitalgesellschaften ist § 19a EStG relevant, der steuerliche Vorteile für Mitarbeiterkapitalbeteiligungen bis 1.440 Euro pro Jahr vorsieht. Zudem bestehen staatliche Förderprogramme für Beteiligungsmodelle (z. B. „INVEST – Zuschuss für Wagniskapital" des BMWK).

Ausländische Unternehmer, die nicht dauerhaft in Deutschland bleiben wollen, können durch ein MBO eine kontinuierliche Weiterführung des Unternehmens ohne Familienbindung ermöglichen, insbesondere wenn sie qualifiziertes Personal intern aufgebaut haben.

11.5 Auflösung und Liquidation

Die freiwillige Auflösung eines Unternehmens ist mit formalen und rechtlichen Anforderungen verbunden. Bei Kapitalgesellschaften erfolgt die Auflösung durch Gesellschafterbeschluss (§ 60 GmbHG, § 262 AktG), die Liquidation durch Eintragung ins Handelsregister (§ 65 GmbHG, § 266 AktG) und das Abschlussverfahren durch Löschung nach § 74 GmbHG bzw. § 273 AktG.

Während der Liquidationsphase sind alle laufenden Verpflichtungen zu erfüllen, Gläubiger zu befriedigen (§ 73 GmbHG) und ein Sperrjahr einzuhalten (§ 73 Abs. 1 GmbHG). Erst danach kann das Restvermögen an die Gesellschafter verteilt werden.

Für Einzelunternehmen genügt die Gewerbeabmeldung (§ 14 GewO) sowie eine Mitteilung an das Finanzamt (§ 138 AO). Bei Personengesellschaften gelten §§ 723 ff. BGB bzw. §§ 131–157 HGB.

Ein Insolvenzverfahren ist notwendig, wenn das Unternehmen zahlungsunfähig oder überschuldet ist (§ 15a InsO). Hierbei ist die rechtzeitige Antragstellung entscheidend, um eine persönliche Haftung oder strafrechtliche Verfolgung zu vermeiden (§§ 15b InsO, 283 StGB).

11.6 Rückkehr ins Ausland und Mitnahme von Vermögen

Für ausländische Gründer stellt sich beim Exit regelmäßig die Frage, ob und in welchem Umfang das im Unternehmen aufgebaute Vermögen mit ins Herkunftsland überführt werden kann. Grundsätzlich ist der Kapitalexport innerhalb der EU frei (Art. 63 AEUV), gegenüber Drittstaaten jedoch anmeldepflichtig (§§ 11, 12 AWV).

Besteht ein Doppelbesteuerungsabkommen, ist die steuerliche Behandlung des Veräußerungsgewinns im Wohnsitzstaat geregelt. In der Regel hat Deutschland das Besteuerungsrecht an betrieblichen Gewinnen, sofern das Unternehmen hier ansässig war (Art. 13 OECD-MA).

Bei Wegzug eines Anteilseigners kann die sogenannte Wegzugsbesteuerung nach § 6 AStG greifen. Diese führt zur

Besteuerung latenter Gewinne auf stille Reserven, wenn ein wesentlicher Anteil (>1 %) an einer Kapitalgesellschaft gehalten wurde. Ausnahmeregelungen bestehen bei EU- oder EWR-Staaten mit Rückkehrabsicht (§ 6 Abs. 3 AStG).

Auch aufenthaltsrechtlich ist ein Exit relevant: Fällt der wirtschaftliche Zweck der Aufenthaltserlaubnis weg (z. B. durch Unternehmensauflösung), kann dies zur Beendigung des Aufenthaltsrechts führen (§ 51 AufenthG). Es empfiehlt sich, frühzeitig mit der Ausländerbehörde über alternative Aufenthaltstitel (z. B. Erwerbsloser Rentner, Familiennachzug) zu sprechen.

Kapitel 12: Steuerliche, rechtliche und praktische Folgen bei Geschäftsaufgabe oder Wegzug

Die Beendigung einer unternehmerischen Tätigkeit in Deutschland – sei es durch freiwillige Geschäftsaufgabe, Auflösung der Gesellschaft, Verkauf, Liquidation oder durch einen dauerhaften Wegzug ins Ausland – zieht eine Vielzahl steuerlicher, rechtlicher und administrativer Konsequenzen nach sich. Für ausländische Unternehmer ist dieser Prozess besonders komplex, da er neben den deutschen Vorschriften auch ausländerrechtliche, europarechtliche und internationale steuerrechtliche Regelungen umfasst. Dieses Kapitel analysiert die Folgen der Geschäftsaufgabe oder des dauerhaften Wegzugs im Einzelnen, stellt gesetzliche Grundlagen dar und gibt Hinweise zur Vermeidung rechtlicher und finanzieller Risiken.

12.1 Abmeldung der gewerblichen Tätigkeit

Jede unternehmerische Tätigkeit endet aus öffentlich-rechtlicher Sicht mit der formalen Abmeldung beim Gewerbeamt (§ 14 GewO). Die Abmeldung ist unverzüglich nach Einstellung des Betriebes vorzunehmen und betrifft sowohl Einzelunternehmen als auch Personengesellschaften. Bei Kapitalgesellschaften erfolgt die Abmeldung in der Regel durch die Liquidatoren nach Auflösung (§ 65 GmbHG).

Die Abmeldung hat keine rückwirkende Wirkung, sondern gilt ab dem tatsächlichen Datum der Betriebsaufgabe. Der zuständige Gewerbebehörde sind je nach Gemeinde die Gewerbeanzeige, ein Ausweisdokument sowie bei juristischen Personen der Nachweis über die Beschlussfassung (Gesellschafterbeschluss, Liquidatorenbestellung) vorzulegen. Das Gewerbeamt informiert automatisch weitere Stellen wie das Finanzamt, die IHK oder HWK sowie die Berufsgenossenschaft (§ 14 Abs. 8 GewO).

12.2 Steuerliche Folgen der Unternehmensaufgabe

Die steuerlichen Folgen der Geschäftsaufgabe hängen maßgeblich von der Rechtsform und der Art der Beendigung ab. Wird ein Einzelunternehmen oder eine Personengesellschaft aufgegeben, so liegt ein Betriebsaufgabegewinn vor, der nach § 16 Abs. 3 EStG steuerpflichtig ist. Der Gewinn ergibt sich aus dem Unterschied zwischen dem Buchwert des Betriebsvermögens und dem gemeinen Wert (Veräußerungsprcis oder Entnahmewert) abzüglich der Betriebsschulden.

Zur Besteuerung gelangen dabei stille Reserven in Wirtschaftsgütern und Forderungen. Unter bestimmten Voraussetzungen kann der Aufgabegewinn begünstigt besteuert werden (§§ 16, 34 EStG), etwa mit dem ermäßigten Steuersatz oder durch einen Freibetrag bis 45.000 Euro (§

16 Abs. 4 EStG), wenn das 55. Lebensjahr überschritten ist oder eine dauernde Berufsunfähigkeit vorliegt.

Kapitalgesellschaften unterliegen bei Auflösung der Körperschaftsteuer (§ 1 Abs. 1 KStG) auf den verbleibenden Liquidationserlös. Das Liquidationsergebnis wird nach § 11 KStG versteuert und entspricht der Differenz zwischen dem Vermögen und dem Nominalkapital. Der verbleibende Betrag wird als Ausschüttung an die Gesellschafter behandelt und unterliegt bei natürlichen Personen der Kapitalertragsteuer (§ 43 EStG) bzw. dem Teileinkünfteverfahren (§ 3 Nr. 40 EStG, § 3c EStG).

12.3 Umsatzsteuerliche Abwicklung

Mit der Beendigung des Unternehmens endet auch die umsatzsteuerliche Erfassung des Unternehmers. Dennoch besteht eine Verpflichtung zur Abgabe der finalen Umsatzsteuer-Voranmeldung und einer Abschluss-Umsatzsteuerjahreserklärung für das Jahr der Betriebsaufgabe (§§ 18, 16 UStG).

Besonders zu beachten ist die umsatzsteuerliche Behandlung von Wirtschaftsgütern, die aus dem Betriebsvermögen ins Privatvermögen überführt werden. Diese gelten als unentgeltliche Wertabgabe und unterliegen der Umsatzbesteuerung gemäß § 3 Abs. 1b und § 3 Abs. 9a Nr. 1 UStG. Die Bemessungsgrundlage ist der Einkaufspreis oder – bei fehlendem Einkaufspreis – der Marktwert (§ 10 Abs. 4 Satz 1 Nr. 1 UStG).

Darüber hinaus kann eine Berichtigung des Vorsteuerabzugs nach § 15a UStG erforderlich werden, insbesondere bei beweglichen Wirtschaftsgütern mit einer Nutzungsdauer von mehr als fünf Jahren oder bei Immobilien mit einer Berichtigungsfrist von zehn Jahren.

12.4 Auflösung von Gesellschaften und Löschung im Handelsregister

Bei Kapitalgesellschaften erfolgt die Geschäftsaufgabe regelmäßig durch formalen Auflösungsbeschluss der Gesellschafter (§ 60 GmbHG, § 262 AktG), anschließend folgt die Eintragung der Auflösung ins Handelsregister (§ 65 GmbHG, § 264 AktG) und die Einleitung der Liquidation (§§ 66–74 GmbHG, §§ 265–273 AktG).

Während der Liquidation sind alle laufenden Verpflichtungen abzuwickeln, das Vermögen zu veräußern, Forderungen einzuziehen und Schulden zu begleichen (§ 70 GmbHG). Ein Sperrjahr ist einzuhalten, in dem Gläubiger ihre Ansprüche anmelden können (§ 73 GmbHG). Erst danach darf das Restvermögen an die Gesellschafter verteilt werden (§ 72 GmbHG), und die Gesellschaft wird gelöscht (§ 74 GmbHG).

Die endgültige Löschung erfolgt durch das Registergericht nach Abschluss der Liquidation. Eine förmliche Enthaftung der Gesellschafter erfolgt nicht, aber die Gesellschaft erlischt als Rechtsträger.

12.5 Sozialversicherungsrechtliche Folgen

Mit der Beendigung der Tätigkeit endet grundsätzlich auch die Pflicht zur Entrichtung von Sozialversicherungsbeiträgen. Der Arbeitgeber muss seine Arbeitnehmer zum Ende des Beschäftigungsverhältnisses bei der Krankenkasse abmelden (§ 28a Abs. 1 Satz 1 Nr. 2 SGB IV).

Bei Selbständigen mit freiwilliger gesetzlicher Krankenversicherung endet die Mitgliedschaft mit der Aufgabe der selbständigen Tätigkeit (§ 191 SGB V), sofern keine anderweitige Versicherungspflicht eintritt. Ein Anspruch auf Weiterversicherung besteht nur bei fristgerechter Antragstellung.

Beiträge zur Rentenversicherung entfallen, sofern keine Versicherungspflicht aus anderen Gründen besteht (§ 2 SGB VI). Eine Pflichtversicherung für Selbständige (z. B. Handwerker, Lehrer) kann nicht ohne weiteres beendet werden, sondern bedarf eines Nachweises über die tatsächliche Aufgabe (§ 5 Abs. 2 SGB VI).

12.6 Aufenthaltsrechtliche Auswirkungen für Drittstaatsangehörige

Für Unternehmer aus Drittstaaten, die einen Aufenthaltstitel zur Ausübung einer selbständigen Tätigkeit nach § 21 AufenthG besitzen, hat die Geschäftsaufgabe unmittelbare Auswirkungen. Der Aufenthaltstitel verliert seinen Zweck, und es droht der Widerruf oder die Nichtverlängerung nach § 52 Abs. 1 Nr. 1 AufenthG.

Die Ausländerbehörde prüft, ob ein anderweitiger Aufenthaltszweck vorliegt (z. B. Studium, Familienzusammenführung, Erwerbslosigkeit mit anschließender Rückkehr). Eine rechtzeitige Beantragung eines neuen Aufenthaltstitels ist erforderlich. Für gut integrierte Selbständige mit mehrjährigem Aufenthalt kann unter Umständen ein unbefristeter Aufenthaltstitel nach § 9 AufenthG oder ein Aufenthalt aus humanitären Gründen (§ 25 AufenthG) in Betracht kommen.

Die Mitnahme von Gewinnen und Gesellschaftsanteilen ins Ausland unterliegt ggf. der Kapitalverkehrskontrolle (§§ 11 ff. AWV) und der Wegzugsbesteuerung nach § 6 AStG, sofern die natürliche Person ihre Steuerpflicht in Deutschland aufgibt und Anteile an Kapitalgesellschaften über 1 % hält. Diese Regelung zielt darauf ab, stille Reserven im Inland zu erfassen, bevor sie sich dem deutschen Steuerzugriff entziehen.

12.7 Grenzüberschreitende Verlagerung und Nachhaftung

Wird der Sitz des Unternehmens ins Ausland verlegt oder ein ausländischer Investor übernimmt Anteile, greifen grenzüberschreitende Vorschriften des Internationalen Privatrechts und Steuerrechts. Nach deutschem Handelsrecht (§ 4a GmbHG) ist eine grenzüberschreitende Verschmelzung, Spaltung oder Sitzverlegung nur nach Maßgabe europäischer Richtlinien und des Umwandlungsgesetzes möglich (§§ 122a ff. UmwG).

Bei Sitzverlegung ins Ausland bleibt die inländische Gesellschaft haftungsrechtlich existent, bis sie gelöscht wird. Für ausländische Gesellschaften mit Verwaltungssitz in Deutschland gilt weiterhin deutsches Steuerrecht, insbesondere §§ 10 AO, 1 Abs. 1 KStG, sofern die tatsächliche Geschäftsleitung im Inland erfolgt.

Gesellschafter haften für bereits begründete Verbindlichkeiten unter Umständen auch nach der Geschäftsaufgabe fort (Nachhaftung nach § 160 HGB, § 736 BGB, § 34 Abs. 3 AO). Daher sollten alle steuerlichen und zivilrechtlichen Verpflichtungen vor der Beendigung vollständig erfüllt oder rechtlich abgesichert sein.

12.8 Übersicht

Wird ein Unternehmen aufgelöst oder ins Ausland verlagert, greifen verschiedene steuerrechtliche Mechanismen, deren Kenntnis entscheidend ist. Beim Unternehmensverkauf ist § 16 EStG maßgeblich für die Besteuerung des Veräußerungsgewinns. Im Fall einer Liquidation regeln §§ 60 ff. GmbHG die Abläufe, während der Liquidationserlös der Körperschaftsteuer unterliegt (§ 11 KStG). Die Übertragung an Familienmitglieder unterliegt im Zweifel der Schenkung- oder Erbschaftsteuer, wobei §§ 13a und 13b ErbStG Verschonungsregelungen für Betriebsvermögen vorsehen. Eine geordnete Nachfolge im Unternehmen, sei es durch Familie, Mitarbeitende oder externe Käufer, kann helfen, steuerliche Belastungen zu minimieren und Strukturen zu erhalten. Erfolgt ein vollständiger Wegzug ins Ausland, unterliegt der Unternehmer der Wegzugsbesteuerung nach § 6 AStG, sofern er Anteile von mehr als einem Prozent an einer Kapitalgesellschaft hält. Die Aufgabe der Tätigkeit ist der Finanzverwaltung rechtzeitig anzuzeigen, da die Steuerpflicht in Deutschland grundsätzlich mit dem Wegfall des Wohnsitzes oder gewöhnlichen Aufenthalts endet (§ 8 AO, § 1 EStG).

Kapitel 13: Rechts- und Steuerberatung für ausländische Gründer

Die rechtliche und steuerliche Beratung gehört zu den zentralen Erfolgsfaktoren jeder Unternehmensgründung, insbesondere wenn es sich um eine Gründung durch ausländische Staatsangehörige handelt. Die Vielzahl nationaler, europäischer und internationaler Vorschriften, verbunden mit komplexen steuerlichen Regelungen, unterschiedlichen Verwaltungskulturen und sprachlichen Herausforderungen, macht eine kompetente fachliche Begleitung in den meisten Fällen unverzichtbar. Dieses Kapitel zeigt auf, welche Formen der rechtlichen und steuerlichen Beratung in Deutschland zur Verfügung stehen, welche Aufgaben und Grenzen Berater haben, und wie ausländische Gründer geeignete Ansprechpartner finden können.

13.1 Bedeutung fachkundiger Beratung bei komplexen Gründungsvorhaben

Bereits bei der Wahl der Rechtsform, der Vertragsgestaltung, der steuerlichen Strukturierung, der Vorbereitung von Anträgen bei Behörden oder bei der Beschaffung von Kapital entstehen rechtliche Fragestellungen, die ohne juristische oder steuerliche Fachkenntnisse kaum zu bewältigen sind. Zudem bestehen für ausländische Gründer oftmals Unsicherheiten hinsichtlich der Rechtsprechung, der

Verwaltungsgepflogenheiten und der Erwartungshaltungen aufseiten deutscher Stellen.

Falsche oder verspätete Entscheidungen in diesen Bereichen können zu erheblichen wirtschaftlichen Schäden führen – von Bußgeldern über Steuermehrbelastungen bis hin zur Ablehnung eines Aufenthaltstitels oder zur persönlichen Haftung der Unternehmensleitung. Die frühzeitige Einbindung qualifizierter Berater dient daher nicht nur der rechtlichen Absicherung, sondern auch der professionellen und erfolgreichen Unternehmensführung.

13.2 Steuerberater: Aufgaben, Zuständigkeiten und Grenzen

Steuerberater sind in Deutschland freiberuflich tätige Angehörige eines reglementierten Berufs. Sie unterliegen dem Steuerberatungsgesetz (StBerG), das ihre Zulassung (§§ 3–4 StBerG), ihre Befugnisse (§§ 33–37 StBerG), ihre Verschwiegenheitspflicht (§ 57 StBerG) und die Berufsausübung (§§ 56–62 StBerG) regelt.

Zu den klassischen Aufgaben von Steuerberatern gehören:

- Erstellung und Übermittlung von Steuererklärungen (§ 33 Abs. 1 StBerG),

- Vertretung gegenüber Finanzbehörden (§ 80 AO, § 62 FGO),

- Buchführung und Erstellung von Jahresabschlüssen (§ 6 Nr. 3 StBerG),

- Beratung zur steuerlichen Gestaltung von Verträgen, Investitionen oder Gesellschaftsstrukturen (§ 33 Abs. 2 StBerG).

Steuerberater dürfen keine umfassende Rechtsberatung außerhalb des Steuerrechts leisten. Dies ist gemäß § 5 RDG (Rechtsdienstleistungsgesetz) auf bestimmte Tätigkeiten beschränkt. Bei komplexen rechtlichen Fragen (z. B. Arbeitsrecht, Gesellschaftsrecht, Vertragsrecht) ist die Einschaltung eines Rechtsanwalts notwendig.

Für ausländische Gründer bieten Steuerberater in vielen Fällen eine zentrale Koordinationsfunktion, da sie mit Behörden kommunizieren, steuerliche Risiken frühzeitig erkennen und die laufende Buchhaltung übernehmen. Viele Kanzleien verfügen über mehrsprachige Mitarbeiter und internationale Netzwerke.

13.3 Rechtsanwälte: Zuständigkeit bei Gesellschaftsrecht, Aufenthaltsrecht und Vertragsgestaltung

Rechtsanwälte sind gemäß § 1 Bundesrechtsanwaltsordnung (BRAO) unabhängige Organe der Rechtspflege. Sie unterliegen der anwaltlichen Verschwiegenheit (§ 43a Abs. 2 BRAO), der Pflicht zur Vertretung der Interessen ihres Mandanten (§ 43a Abs. 1 BRAO) und der

Zulassungspflicht (§ 4 BRAO). Ihre Tätigkeit umfasst jede Form der rechtlichen Beratung und Vertretung (§ 3 BRAO).

Für ausländische Gründer sind folgende Tätigkeitsbereiche besonders relevant:

- Prüfung und Gestaltung von Gesellschaftsverträgen (§ 2 GmbHG, § 705 BGB),

- Begleitung bei Notarterminen und Registeranmeldungen (§§ 12, 29 HGB),

- Aufenthalts- und Niederlassungsrecht (§§ 4, 21, 9 AufenthG),

- Arbeitsrechtliche Fragestellungen (§§ 611a ff. BGB, KSchG, ArbZG),

- Erstellung von Allgemeinen Geschäftsbedingungen (§§ 305 ff. BGB),

- Vertragsgestaltung im nationalen und internationalen Handelsrecht,

- Vertretung in behördlichen oder gerichtlichen Verfahren (§ 67 VwGO, § 62 FGO, § 78 ZPO).

Rechtsanwälte dürfen auch Steuerberatung anbieten, sofern sie in dem jeweiligen Zusammenhang mit einer rechtlichen Angelegenheit steht (§ 5 RDG). Einige Anwälte führen den Titel „Fachanwalt für Steuerrecht", was auf besondere Expertise hinweist.

13.4 Wirtschaftsprüfer, Unternehmensberater und Notare

Wirtschaftsprüfer (§ 2 WPO – Wirtschaftsprüferordnung) sind vor allem bei größeren Unternehmen oder prüfungspflichtigen Kapitalgesellschaften von Bedeutung (§ 316 HGB). Sie prüfen Jahresabschlüsse, erstellen Bestätigungsvermerke (§ 322 HGB) und beraten bei internationalen Reorganisationsfragen.

Unternehmensberater unterliegen keiner berufsrechtlichen Regelung, sondern agieren auf freier vertraglicher Basis. Sie können wichtige Beiträge bei Businessplänen, Marktanalysen oder Finanzierungskonzepten leisten, dürfen jedoch keine Rechts- oder Steuerberatung im engeren Sinne vornehmen (§ 5 RDG).

Notare spielen im deutschen Rechtssystem eine zentrale Rolle bei der Beurkundung von Gesellschaftsgründungen (§ 2 GmbHG), Anteilsübertragungen (§ 15 GmbHG), Immobiliengeschäften (§ 311b BGB) und Handelsregisteranmeldungen (§ 12 HGB). Sie sind öffentlich bestellte Amtsträger und zur Unparteilichkeit verpflichtet (§ 14 BNotO – Bundesnotarordnung). Die Tätigkeit ist gebührenpflichtig und erfolgt auf Grundlage des Gerichts- und Notarkostengesetzes (GNotKG).

13.5 Auswahl geeigneter Berater und Beratungskosten

Die Auswahl geeigneter Berater erfolgt am besten auf Grundlage persönlicher Empfehlungen, Kammerlisten (z. B. Steuerberaterkammer, Rechtsanwaltskammer) oder durch spezialisierte Datenbanken wie „DATEV Beratersuche", „Anwaltsauskunft.de" oder über Industrie- und Handelskammern. Auch Migrantenorganisationen und Gründungszentren können Hinweise geben.

Wichtige Auswahlkriterien sind:

- fachliche Spezialisierung,

- Erfahrung mit internationalen Mandaten,

- Sprachkenntnisse,

- transparente Vergütung.

Die Kosten richten sich für Steuerberater nach der Steuerberatervergütungsverordnung (StBVV), für Rechtsanwälte nach dem Rechtsanwaltsvergütungsgesetz (RVG) oder frei vereinbarten Honoraren (§ 3a RVG). Notarkosten sind gesetzlich festgelegt (GNotKG). Für Unternehmensberater gelten individuelle Honorarsätze.

Beratungskosten sind grundsätzlich als Betriebsausgaben steuerlich absetzbar (§ 4 Abs. 4 EStG), sofern sie betrieblich veranlasst sind.

13.6 Möglichkeiten staatlich geförderter Beratung

Für ausländische Gründer bestehen verschiedene Programme zur Förderung von Beratungsleistungen. Diese umfassen sowohl Vorgründungsberatung als auch Unterstützungsmaßnahmen im laufenden Geschäftsbetrieb.

Zu den wichtigsten Programmen zählen:

- **Förderung unternehmerischen Know-hows** des Bundesamts für Wirtschaft und Ausfuhrkontrolle (BAFA) nach § 45 SGB III: Zuschüsse bis zu 80 % der Beratungskosten für bestimmte Zielgruppen (z. B. Gründer mit Migrationshintergrund, junge Unternehmen, Bestandsunternehmen in Schwierigkeiten).

- **Gründercoaching Deutschland** (ehemals KfW, jetzt über regionale Partner): Förderungen für Coaching-Leistungen nach Unternehmensgründung.

- **Beratungsförderung der Länder**, z. B. „Gründungsberatung NRW", „Start?Zuschuss!" in Bayern oder „EXI"-Beratung in Baden-Württemberg.

Die Antragstellung erfolgt vor Beginn der Beratung. In der Regel ist ein akkreditierter Berater erforderlich. Die Beratung muss dokumentiert und mit einem Abschlussbericht versehen werden. Gefördert werden keine Rechts- oder Steuerberatung im engeren Sinne, sondern wirtschaftsnahe

Beratungen (z. B. Strategieberatung, Marketing, Organisation).

13.7 Internationale Netzwerke und spezialisierte Beraterpools

Gerade bei grenzüberschreitenden Fragestellungen profitieren ausländische Gründer von internationalen Beraternetzwerken. Solche Netzwerke verbinden Steuerberater, Wirtschaftsprüfer und Rechtsanwälte weltweit, etwa:

- **ETL Global**

- **ECOVIS International**

- **Moore Global**

- **Intergest**

- **Nexia International**

Zudem existieren spezialisierte Plattformen wie **„IQ-Netzwerk"**, das Beratung für zugewanderte Fachkräfte und Gründer anbietet, sowie Beratungsstellen mit interkultureller Ausrichtung (z. B. MigraNet, DIHK-Projekt „Willkommenslotsen").

Für englisch- oder mehrsprachige Beratung können insbesondere internationale Großkanzleien oder spezialisierte Kanzleien für Aufenthalts- und Wirtschaftsmigrationsrecht angesprochen werden. Diese kennen die Anforderungen ausländischer Gründer oft besser als regionale Berater.

Kapitel 14: Rechtssicherheit und langfristige Perspektiven in Deutschland

Die Unternehmensgründung in Deutschland durch ausländische Staatsangehörige ist nicht nur eine wirtschaftliche Entscheidung, sondern zugleich eine langfristige Weichenstellung in einem hochentwickelten Rechtsstaat mit verlässlichen Institutionen, stabilen wirtschaftlichen Rahmenbedingungen und klar definierten Verfahrensordnungen. Dieses Kapitel beleuchtet die juristische Infrastruktur Deutschlands aus Sicht von Unternehmern, die Rolle des Rechtsstaatsprinzips, die langfristigen Chancen für ausländische Gründer sowie Optionen zur dauerhaften Niederlassung und Integration in die deutsche Gesellschaft.

14.1 Deutschland als Rechtsstaat: Bedeutung für unternehmerische Planung

Deutschland ist in Art. 20 Abs. 3 des Grundgesetzes als Rechtsstaat konstituiert. Dieses Prinzip garantiert Gesetzesbindung aller staatlichen Stellen, Rechtssicherheit, Vertrauensschutz, Verhältnismäßigkeit, die Möglichkeit der gerichtlichen Kontrolle von Verwaltungshandeln sowie effektiven Rechtsschutz vor unabhängigen Gerichten (Art. 19 Abs. 4 GG).

Für Unternehmer bedeutet dies vor allem:

- **Planungssicherheit**: Gesetzesänderungen erfolgen transparent und nach demokratischen Verfahren.

- **Rechtsschutzgarantie**: Entscheidungen von Behörden können mit Widerspruch (§ 68 ff. VwGO), Klage oder einstweiligem Rechtsschutz angefochten werden.

- **Verlässlichkeit von Verträgen**: Vertragsfreiheit und Vertragstreue sind gesetzlich geschützt (§§ 145 ff. BGB), bei Streitigkeiten besteht Zugang zur ordentlichen Gerichtsbarkeit.

- **Schutz des Eigentums**: Die wirtschaftliche Betätigung und das Eigentum sind durch Art. 14 GG geschützt; Eingriffe sind nur auf gesetzlicher Grundlage und unter Wahrung des Verhältnismäßigkeitsprinzips zulässig.

Diese Rahmenbedingungen sind entscheidend für ausländische Gründer, die aus weniger rechtsstaatlich geprägten Herkunftsländern kommen und die Vorhersehbarkeit sowie Durchsetzbarkeit wirtschaftlicher Entscheidungen oft nicht gewohnt sind.

14.2 Langfristige Planbarkeit durch stabile Institutionen

Die wirtschaftliche Stärke Deutschlands basiert nicht nur auf der Leistungsfähigkeit seiner Unternehmen, sondern auch auf einem dichten Geflecht stabiler und funktionsfähiger Institutionen. Dazu zählen:

- **die Justiz**, die unabhängig von politischen Weisungen urteilt (Art. 97 GG),

- **die Finanzverwaltung**, die auf gesetzlicher Grundlage handelt und in ihren Bescheiden einer rechtsstaatlichen Kontrolle unterliegt,

- **die Kammern und Verbände**, die Selbstverwaltungsaufgaben übernehmen und Gründer beraten,

- **die Sozialversicherungsträger**, die Sicherheit in Krankheit, Alter und Arbeitslosigkeit gewährleisten,

- **die Datenschutz- und Wettbewerbsbehörden**, die für faire Rahmenbedingungen sorgen,

- **die kommunalen Verwaltungen**, die zügig über Gewerbeanmeldungen, Genehmigungen oder Förderanträge entscheiden.

Diese institutionelle Stabilität erlaubt es Gründern, unter klaren Rahmenbedingungen strategische Entscheidungen zu treffen, Investitionen zu planen und Rechtsansprüche geltend zu machen. Anders als in vielen Ländern ist der Zugang zu staatlichen Stellen in Deutschland nicht willkürlich, sondern durch formale Verfahren, Fristen und Widerspruchsmöglichkeiten geregelt.

14.3 Optionen zur Niederlassung und Einbürgerung für Unternehmensgründer

Unternehmer aus Drittstaaten, die dauerhaft in Deutschland bleiben möchten, können unter bestimmten Voraussetzungen eine unbefristete Niederlassungserlaubnis (§ 9 AufenthG) oder die deutsche Staatsangehörigkeit (§§ 10 ff. StAG) beantragen. Beide Optionen setzen ein nachhaltiges wirtschaftliches und soziales Engagement voraus.

Für die Niederlassungserlaubnis ist nach § 21 Abs. 4 AufenthG insbesondere erforderlich:

- mindestens drei Jahre Aufenthalt mit Aufenthaltserlaubnis nach § 21 Abs. 1 AufenthG,

- erfolgreiche Umsetzung des Geschäftskonzepts,

- wirtschaftliche Tragfähigkeit des Unternehmens,

- gesicherter Lebensunterhalt ohne Inanspruchnahme öffentlicher Mittel (§ 2 Abs. 3 AufenthG),

- Nachweis von Altersvorsorge (z. B. Rentenversicherung, private Vorsorgeverträge),

- ausreichende Deutschkenntnisse (mindestens B1 GER) sowie

- Grundkenntnisse der deutschen Rechts- und Gesellschaftsordnung (§ 9 Abs. 2 Satz 1 Nr. 8 AufenthG).

Für die Einbürgerung ist ein mindestens achtjähriger rechtmäßiger Aufenthalt erforderlich (§ 10 Abs. 1 Satz 1 Nr. 1 StAG), der auf sieben Jahre verkürzt werden kann, wenn erfolgreich an einem Integrationskurs teilgenommen wurde (§ 10 Abs. 3 StAG). Weitere Voraussetzungen sind:

- eigenständige Sicherung des Lebensunterhalts (§ 10 Abs. 1 Satz 1 Nr. 3 StAG),

- keine schweren Straftaten (§ 10 Abs. 1 Satz 1 Nr. 5 StAG),

- ausreichende Deutschkenntnisse (B1, § 10 Abs. 1 Satz 1 Nr. 6 StAG),

- Bekenntnis zur freiheitlich-demokratischen Grundordnung (§ 10 Abs. 1 Satz 1 Nr. 7 StAG),

- in der Regel Aufgabe der bisherigen Staatsangehörigkeit (§ 10 Abs. 1 Satz 1 Nr. 4 StAG), mit Ausnahmen für bestimmte Herkunftsstaaten.

Besonders positiv wird gewertet, wenn der Antragsteller ein Unternehmen aufgebaut, Arbeitsplätze geschaffen und Steuerbeiträge geleistet hat. Die Einbürgerung stellt somit nicht nur eine rechtliche Angleichung an deutsche Staatsangehörige dar, sondern eröffnet auch volle Freizügigkeit innerhalb der EU, aktives und passives Wahlrecht sowie Schutz vor Ausweisung (§ 48 AufenthG).

14.4 Herausforderungen und Entwicklungspotenziale für die Zukunft

Trotz der günstigen Rahmenbedingungen bestehen weiterhin Herausforderungen für ausländische Gründer in Deutschland. Diese betreffen insbesondere:

- **Bürokratische Komplexität**: Trotz Digitalisierung und Verwaltungsreformen bleibt der Weg durch Genehmigungen, Bescheide, Register und Pflichtmeldungen vielfach unübersichtlich.

- **Sprachliche Hürden**: Die ausschließliche Verwendung der deutschen Sprache in Formularen, Verwaltungsakten und Gerichtsbeschlüssen erschwert die Selbstständigkeit ohne Dolmetscher oder Berater.

- **Fehlende Netzwerke**: Gerade in den ersten Jahren fehlen vielen ausländischen Gründern Zugang zu geschäftlichen Netzwerken, Kundenkreisen oder institutionellen Ansprechpartnern.

- **Wenig flexible Anerkennung von Qualifikationen**: Die Anerkennung ausländischer Abschlüsse ist zwar geregelt, aber aufwendig, langsam und regional uneinheitlich.

- **Unzureichende Kapitalzugänge**: Banken und Investoren sind gegenüber Gründern ohne Bonitätshistorie zurückhaltend, obwohl innovative Geschäftskonzepte vorliegen.

Langfristig bestehen jedoch auch erhebliche Entwicklungspotenziale:

- **Zunehmende internationale Offenheit** der Wirtschaft, insbesondere in urbanen Räumen und Branchen wie IT, Gastronomie, Pflege, Bauwesen oder E-Commerce.

- **Förderpolitische Initiativen** von Bund, Ländern und EU zur Integration von migrantischer Ökonomie (z. B. „IQ Netzwerk", „EXI", „Start-Up Your Future").

- **Digitalisierung öffentlicher Verwaltungsabläufe**, die insbesondere für ortsunabhängige oder technologieaffine Gründer neue Zugänge eröffnet.

- **Demografischer Wandel und Fachkräftemangel**, die die Gründung von Betrieben durch Zuwanderer nicht nur ermöglichen, sondern zunehmend notwendig machen.

14.5 Fazit: Deutschland als Standort für nachhaltige Unternehmensentwicklung

Deutschland bietet ausländischen Gründern eine verlässliche, rechtlich durchstrukturierte und ökonomisch stabile Umgebung für den langfristigen Aufbau von Unternehmen. Die Kombination aus Rechtsstaatlichkeit, marktwirtschaftlicher Ordnung, umfassendem Sozialschutz und planbarer Steuerpolitik schafft ein Umfeld, in dem Investitionen, Innovationen und unternehmerisches Engagement tragfähig gedeihen können.

Wer bereit ist, sich auf die strukturellen, sprachlichen und kulturellen Bedingungen einzulassen, findet in Deutschland nicht nur einen attraktiven Wirtschaftsstandort, sondern auch einen rechtlichen und sozialen Raum, in dem Integration, Selbstverwirklichung und generationsübergreifender Erfolg möglich sind. Für Unternehmer mit Weitblick bedeutet dies nicht nur wirtschaftliche Entfaltung, sondern auch die Chance auf langfristige Teilhabe und gesellschaftliche Anerkennung.

Kapitel 15: Fazit und Ausblick auf zukünftige Entwicklungen

Die Gründung eines Unternehmens durch ausländische Staatsangehörige in Deutschland ist weit mehr als ein wirtschaftlicher Vorgang. Sie ist Ausdruck von unternehmerischem Mut, globaler Mobilität und dem Bestreben, sich in einem neuen gesellschaftlichen und rechtlichen Umfeld erfolgreich zu etablieren. Dieses Buch hat gezeigt, dass Deutschland trotz seiner bürokratischen Komplexität, seiner föderalen Verwaltungsstruktur und seines hohen juristischen Anspruchsniveaus ein stabiler, berechenbarer und grundsätzlich offener Standort für internationale Unternehmensgründungen ist – vorausgesetzt, die rechtlichen Rahmenbedingungen werden verstanden, respektiert und strategisch genutzt.

Der umfassende Überblick über alle relevanten Aspekte – von der Rechtsformwahl über das Steuerrecht, die arbeits- und aufenthaltsrechtlichen Anforderungen bis hin zur interkulturellen Integration und den Exitoptionen – macht deutlich, dass der Weg zur erfolgreichen Selbstständigkeit in Deutschland auf strukturelle Klarheit und institutionelle Verlässlichkeit trifft. Zugleich zeigen sich jedoch auch deutliche Herausforderungen: Die Vielzahl rechtlicher Regelungen, der Bedarf an Sprachkompetenz, das hohe Maß an formaler Nachweisführung und die teilweise zurückhaltende Haltung traditioneller Finanzinstitutionen gegenüber ausländischen Gründern stellen reale Einstiegshürden dar.

Dennoch lässt sich in der Gesamtbetrachtung ein positives Fazit ziehen. Deutschland erkennt zunehmend die Bedeutung der migrantischen Ökonomie an – nicht nur als integrationspolitisches Thema, sondern auch als strategischen Bestandteil der nationalen Wirtschafts- und Innovationspolitik. Dies spiegelt sich in einer wachsenden Zahl von Förderprogrammen, Erleichterungen im Aufenthaltsrecht, digitalen Verwaltungszugängen und einem breiteren gesellschaftlichen Bewusstsein für die Chancen internationaler Gründerinnen und Gründer.

Mit Blick auf die nächsten Jahre sind verschiedene Entwicklungen zu erwarten, die den Gründungsstandort Deutschland für ausländische Unternehmer verändern werden. Erstens wird die **Digitalisierung der Verwaltung** weiter voranschreiten. Der Onlinezugangsgesetz (OZG) verpflichtet Bund und Länder zur digitalen Abwicklung von Verwaltungsleistungen. Dies wird Gründungsprozesse vereinfachen, insbesondere für technologieaffine Gründer und für jene, die aus dem Ausland vorbereitend tätig werden möchten.

Zweitens ist im Zuge des demografischen Wandels und des zunehmenden Fachkräftemangels mit einer stärkeren politischen Öffnung für **unternehmerische Zuwanderung** zu rechnen. Bereits jetzt zeigt das reformierte Fachkräfteeinwanderungsgesetz, dass wirtschaftliche Integration von Drittstaatsangehörigen nicht mehr ausschließlich an klassische Beschäftigungsmodelle gebunden ist. Die Gründung von Unternehmen – gerade in personalkritischen Branchen wie Pflege, Handwerk, Gastronomie oder IT – wird zunehmend als willkommener Beitrag zur volkswirtschaftlichen Stabilität begriffen.

Drittens werden sich durch den gesellschaftlichen Wertewandel und den politischen Druck auf Bürokratieabbau neue **gesetzgeberische Initiativen zur Gründungsvereinfachung** abzeichnen. Dazu gehören mögliche Reformen im GmbH-Recht (z. B. digitale Gründung, vereinfachte Registeranmeldung), im Steuerverfahrensrecht (vereinfachte Erklärungsformate, kürzere Prüfzyklen) sowie im Aufenthaltsrecht (etwa durch gesonderte Gründerkategorien mit standardisierten Nachweisverfahren).

Viertens ist mit einer weiteren **Internationalisierung der Beratungs- und Förderlandschaft** zu rechnen. Kammern, Hochschulen, Gründungszentren und Wirtschaftsministerien entwickeln zunehmend mehrsprachige Angebote, gezielte Mentoringformate und kulturell sensible Unterstützungsstrukturen. Diese begünstigen nicht nur den Zugang, sondern auch die nachhaltige Integration in deutsche Marktstrukturen.

Nicht zuletzt wird der weltweite Trend zu **ortsunabhän-gigem Arbeiten, digitalem Unternehmertum und Plattformwirtschaft** die klassischen Vorstellungen von Gewerbebetrieb und Betriebsstätte weiter herausfordern. Deutschland wird auf diese Veränderungen mit einer Kombination aus rechtlicher Anpassung, steuerlicher Neubewertung und innovationspolitischen Förderinstrumenten reagieren müssen.

Zusammenfassend lässt sich feststellen: Die Unternehmensgründung durch Ausländer in Deutschland ist heute nicht nur möglich, sondern zunehmend erwünscht – unter der Voraussetzung, dass sie rechtlich sauber, wirtschaftlich tragfähig und gesellschaftlich integriert erfolgt. Die bestehenden Strukturen bieten Sicherheit, Planbarkeit und Schutz; die kommenden Reformen versprechen zudem mehr Flexibilität, Zugänglichkeit und kulturelle Öffnung. Wer bereit ist, diesen Weg mit Entschlossenheit, Geduld und Anpassungsfähigkeit zu gehen, findet in Deutschland nicht nur einen Wirtschaftsstandort, sondern eine verlässliche Heimat für unternehmerisches Denken und Handeln.

Literaturverzeichnis

Bundesministerium des Innern und für Heimat. (2023). *Aufenthaltsgesetz – AufenthG. Kommentar zur aktuellen Gesetzesfassung.* Berlin: BMI Publikationen.

Bundesministerium der Justiz. (2023). *Bürgerliches Gesetzbuch – BGB. Amtliche Fassung mit Einführungsgesetz.* Berlin: BMJ.

Bundeszentralamt für Steuern. (2022). *Abgabenordnung – AO. Kommentar und Erläuterungen.* Bonn: BZSt.

Deutscher Industrie- und Handelskammertag (DIHK). (2023). *Gründerleitfaden für ausländische Staatsangehörige in Deutschland.* Berlin: DIHK Verlag.

Europäische Kommission. (2020). *Richtlinie (EU) 2016/679 – Datenschutz-Grundverordnung (DSGVO).* Brüssel: Amtsblatt der Europäischen Union.

Kreditanstalt für Wiederaufbau (KfW). (2023). *Förderprogramme für Gründerinnen und Gründer.* Frankfurt am Main: KfW Bankengruppe.

Schall, M. (2022). *Steuerrecht für Gründer: Rechtssicher und steuereffizient in die Selbstständigkeit.* Wiesbaden: Springer Gabler.

Schwenger, M., & Götze, J. (2021). *Existenzgründung – Der praxisorientierte Leitfaden für Unternehmer in Deutschland.* Freiburg: Haufe-Lexware.

Schnellenbach, J., & Feld, L. P. (2020). *Staat und Wirtschaft: Institutionenökonomische Perspektiven auf Ordnungspolitik und Unternehmertum.* Tübingen: Mohr Siebeck.

Schwenke, T. (2021). *Online-Recht 2021: Der Praxisratgeber für Unternehmer, Selbstständige und Marketingverantwortliche.* Bonn: mitp Verlag.

Nützliche Adressen

1. Bundesweite Behörden und öffentliche Stellen

- **Bundesministerium für Wirtschaft und Klimaschutz (BMWK)**

  www.bmwk.de

  Ansprechpartner für wirtschaftsrechtliche Rahmenbedingungen, Förderprogramme, Digitalisierung und Gründerinitiativen.

- **Bundesamt für Wirtschaft und Ausfuhrkontrolle (BAFA)**

  www.bafa.de

  Zuständig für die Förderung unternehmerischen Know-hows, Beratungsförderung und „INVEST – Zuschuss für Wagniskapital".

- **Bundeszentralamt für Steuern (BZSt)**

  www.bzst.de

  Informationen zu Steuerpflicht, USt-ID, Kapitalertragsteuer, Doppelbesteuerung.

- **Deutsche Rentenversicherung (DRV)**

  www.deutsche-rentenversicherung.de

  Beratung zur Altersvorsorgepflicht und Versicherungsstatus für Selbstständige.

- **Bundesagentur für Arbeit (BA)**

  www.arbeitsagentur.de

Angebote zur Gründungsförderung, Arbeitsge-
nehmigung, Anerkennung von Berufsabschlüssen,
Fachkräftevermittlung.

2. Förder- und Finanzierungsinstitutionen

- **KfW Bankengruppe (Kreditanstalt für Wiederaufbau)**
  www.kfw.de
  Existenzgründungsfinanzierung, ERP-Gründerkredit, StartGeld, Kapital für Gründer.

- **Investitions- und Förderbanken der Länder**
  (z. B. LfA Bayern, NRW.BANK, IBB Berlin, L-
  Bank BW)
  Landesfördermittel, Zuschüsse, Mikrokredite,
  Bürgschaften – je nach Bundesland.

3. Kammern und Interessenvertretungen

- **Deutscher Industrie- und Handelskammertag
  (DIHK)**
  www.dihk.de
  Netzwerk der IHKs mit Beratungsangeboten für
  Gründer, Eintragung ins Handelsregister, Fachin-
  formationen.

- **Zentralverband des Deutschen Handwerks (ZDH)**
  www.zdh.de
  Anlaufstelle für Handwerksgründungen, Betriebsübernahmen und Anerkennungsverfahren.

- **Handwerkskammern (HWK) vor Ort**
  Zuständig für Meisterpflicht, Betriebsanmeldungen und Anerkennung ausländischer Handwerksqualifikationen.

4. Steuer- und Rechtsberatung

- **Bundessteuerberaterkammer (BStBK)**
  www.bstbk.de
  Informationen zu steuerlicher Beratung, Verzeichnisse regionaler Steuerberater.

- **Bundesrechtsanwaltskammer (BRAK)**
  www.brak.de
  Suche nach spezialisierten Rechtsanwälten für Gesellschafts-, Aufenthalts- und Steuerrecht.

- **DATEV Beratersuche**
  www.datev.de/beratersuche
  Rechercheplattform für Steuerberater, Rechtsanwälte, Wirtschaftsprüfer mit Gründungserfahrung.

5. Anerkennung und Integration

- **Anerkennungsportal der Bundesregierung**

  www.anerkennung-in-deutschland.de

  Informationen und Antragswege zur Anerkennung ausländischer Berufsqualifikationen.

- **IQ Netzwerk – Integration durch Qualifizierung**

  www.netzwerk-iq.de

  Beratungsstellen für Migrantinnen und Migranten, speziell zu Anerkennung, Arbeitsmarktzugang und Existenzgründung.

- **Make it in Germany (für internationale Fachkräfte und Gründer)**

  www.make-it-in-germany.com

  Mehrsprachiges Portal der Bundesregierung mit Informationen zu Aufenthalt, Arbeit, Leben und Gründen in Deutschland.

6. Beratung und Netzwerke für Migranten und internationale Gründer

- **Gründerplattform des BMWK und der KfW**

  www.gruenderplattform.de

  Schritt-für-Schritt-Anleitung zur Gründung mit Businessplan-Tools, Förderberatung und Partnernetzwerk.

- **Startup Migrants**

  www.startupmigrants.com

  Netzwerk und Unterstützungsplattform für Gründerinnen und Gründer mit Migrationserfahrung.

- **MigraNet – IQ Netzwerk Bayern**

  www.migranet.org

  Unterstützung bei Anerkennung, Existenzgründung, beruflicher Integration und Vernetzung in Bayern.

- **Start-Up Your Future (Berlin/Brandenburg)**

  www.startupyourfuture.de

  Mentorenprogramm und Gründerbegleitung für Geflüchtete und Migranten.

***